Die Harz-Geschichte

Ein Stück Geschichte Mitteleuropas

Band 2

Das Früh- und Hochmittelalter

Bernd Sternal
Lisa Berg

Sternal Media

Bibliografische Information der Deutschen Nationalbibliothek
Die Deutsche Nationalbibliothek verzeichnet diese Publikation in der Deutschen Nationalbibliografie; detaillierte bibliografische Daten sind im Internet über dnb.d-nb.de abrufbar.

Impressum:

Herausgeber: Verlag Sternal – Media, Gernrode
Lektorat: Ulrich Herrmann
Gestaltung und Satz: Lisa Berg, Sternal Media, Gernrode
www.sternal-media.de
www.harz-urlaub.de
Zeichnungen und Einband: Lisa Berg
1. Auflage Juli 2012
ISBN: 978-3-8482-0746-6
Herstellung und Verlag:
Books on Demand GmbH, Norderstedt

Inhalt

Inhalt

Der Reiterstein von Hornhausen, Bördelandkreis - er entstand in einer Steinmetzwerkstatt des 8. Jahrhunderts im Nordharzvorland

Einführung

Der erste Band der „Harz-Geschichte“ berichtete über einen unvorstellbar langen Zeitraum der erdgeschichtlichen Entstehung und Entwicklung unserer Region. Daran schließt sich die Entwicklung der menschlichen Zivilisation in der Harzregion an. Erstmals wird in der römischen Kaiserzeit über dieses Gebiet in schriftlichen Quellen berichtet. Unsere Vorfahren, die germanischen Völker, aber machten noch keine schriftlichen Aufzeichnungen.

Seit dem Beginn des Mittelalters, dem Untergang des römischen Reiches und dem aufstrebenden Frankenreich, sind erste konkrete schriftliche Quellen überliefert. Je weiter die Zeit voranschreitet, desto dichter und umfangreicher werden die historiographischen Hinterlassenschaften. Somit werden auch die Zeitabschnitte, über die ich berichte, kürzer.

Der Zeitraum des Früh- und Hochmittelalters hat die Harzregion geprägt wie keine Epoche zuvor. Die Völker hatten endgültig ihre Heimat gefunden, ließen sich nieder und begannen eine Kulturregion zu schaffen. Den Beginn machten die Franken, dann bestimmten die Sachsen über zwei Jahrhunderte die Entwicklung sowohl Deutschlands wie auch der Harzregion. Besonders die Liudolfinger, auch Ottonen genannt, entwickelten aus dem ostfränkisch-deutschen Reich das Heilige Römische Reich Deutscher Nation. Unter den Ottonen wurde Quedlinburg zur Wiege des Deutschen Reiches, die folgenden Salierkönige und -kaiser erkoren Goslar zu ihrem Reichszentrum. Diese Herrscherpräsenz in der Harzregion schuf eine einmalige Kulturlandschaft, die sich von Nordthüringen bis nach Magdeburg und Braunschweig erstreckte. Zuerst entstand eine Vielzahl von Königspfalzen, dann wurden einzigartige Kirchen, Klöster und Burgen gebaut, die bis heute das Bild der Dörfer und Städte prägen. Kunst und Kultur nahmen einen ungeahnten Aufschwung und ziehen Besucher aus aller Welt bis heute in ihren Bann. Es begannen sich Adelsgeschlechter herauszubilden, deren Grafen, Fürsten und Herzöge nicht nur die Region prägten sondern das ganze Reich. Besonders die Welfen und Askanier spielten jahrhundertelang in der höchsten Politik entscheidende Rollen.

Auch der von Eike von Repgow in der ersten Hälfte des 13. Jahrhunderts verfasste Sachsenspiegel entstand in der Harzregion, zum größten Teil wohl auf der Burg Falkenstein. Dieses hochmittelalterliche Rechtsbuch prägte wesentlich die deutsche Rechtsgeschichte. Zugleich ist der Sachsenspiegel die erste in mittelniederdeutscher Sprache verfasste Prosaliteratur.

Um dem Leser einen kleinen Einblick in die Ereignisse jener Zeit zu vermitteln, die nicht in den gängigen Geschichtsbüchern stehen, habe ich mir die Mühe gemacht, eine Chronologie von Jahresereignissen zu erstellen. In diesem Band finden Sie Ereignisse der Jahre von etwa 700 bis 1250. Leider konnte ich nicht für jedes Jahr ein Ereignis recherchieren und sicher gibt es mitunter auch bedeutendere Ereignisse, als die, die ich aufgeführt habe. Aber vielleicht können meine Leser das eine oder andere zu dieser Chronologie beitragen und ich gebe dann eine überarbeitete Auflage heraus. Auch für andere Tipps und Hinweise, wie auch Fakten, bin ich sehr dankbar.

Bernd Sternal, im Mai 2012

Das Frühmittelalter

Frühmittelalterliche Betrachtungen – Franken und Sachsen

Der Begriff Mittelalter bezeichnet in Europa die Epoche zwischen Antike und Neuzeit. Er umfasst also eine Zeitspanne vom 6. bis zum 16. Jahrhundert und knüpft direkt an die Völkerwanderungszeit an.

Betrachten wir zuerst das Frühmittelalter, das vom 6. bis zum Anfang des 10. Jahrhunderts – dem Beginn der sächsischen Königsherrschaft – einzuordnen ist. Die griechisch-römische Dominanz der Antike in Politik und Kultur war zu Ende und auch die Wanderung der europäischen Völker war zum Erliegen gekommen. Sie hatten ihren jeweiligen Lebensraum gefunden, oder besser gesagt erobert und erkämpft. Aus einem einst riesigen römischen Imperium sowie dem freien Germanien hatten sich zahlreiche Feudalstaaten gebildet, in denen der christliche Glaube Einzug hielt. Es waren romanische, slawische, keltische und germanische Völkerschaften, die begannen, sich eine in Stände gegliederte Gesellschaft zu schaffen.

Das Frühmittelalter war die Zeit des Aufstiegs des Frankenreiches, die Zeit der Merowinger und Karolinger. Diese hatten den christlichen Glauben angenommen und ihre Herrschaft ostwärts bis zum Rhein ausgedehnt.

Das ostrheinische Germanien und somit auch die Harzregion waren damals noch heidnisch, eine beginnende Christianisierung fand hauptsächlich durch das Wirken von Missionaren statt. Aber die Sachsen, die in der Harzregion die Vorherrschaft hatten, hielten an ihrer alten Naturreligion, deren Sitten und Bräuchen fest. Der westgermanische Stammesverband der Sachsen hatte sich bereits im 3. und 4. Jahrhundert gebildet.

Im Frühmittelalter hatte dieser Stammesverband sein Siedlungsgebiet, das die Geschichtsforschung als Altsachsen bezeichnet, im heutigen Westfalen, Niedersachsen, im westlichen Sachsen-Anhalt, im südlichen Schleswig-Holstein und in den östlichen Niederlanden. Das Harzgebiet lag also zum Großteil im sächsischen Stammesland.

Über die frühen Sachsen ist sehr wenig Konkretes bekannt. Auch über die Herkunft ihres Namens kann bisher nur spekuliert werden. Seit der Zeit der Unterwerfung der Thüringer durch die Franken im Jahr 531 scheinen auch die Sachsen in einer gewissen Abhängigkeit zum Frankenreich gestanden zu haben und waren auch tributpflichtig. Ob die Sachsen an der Unterwerfung des Thüringerreiches beteiligt waren, ist nicht zweifelsfrei geklärt.

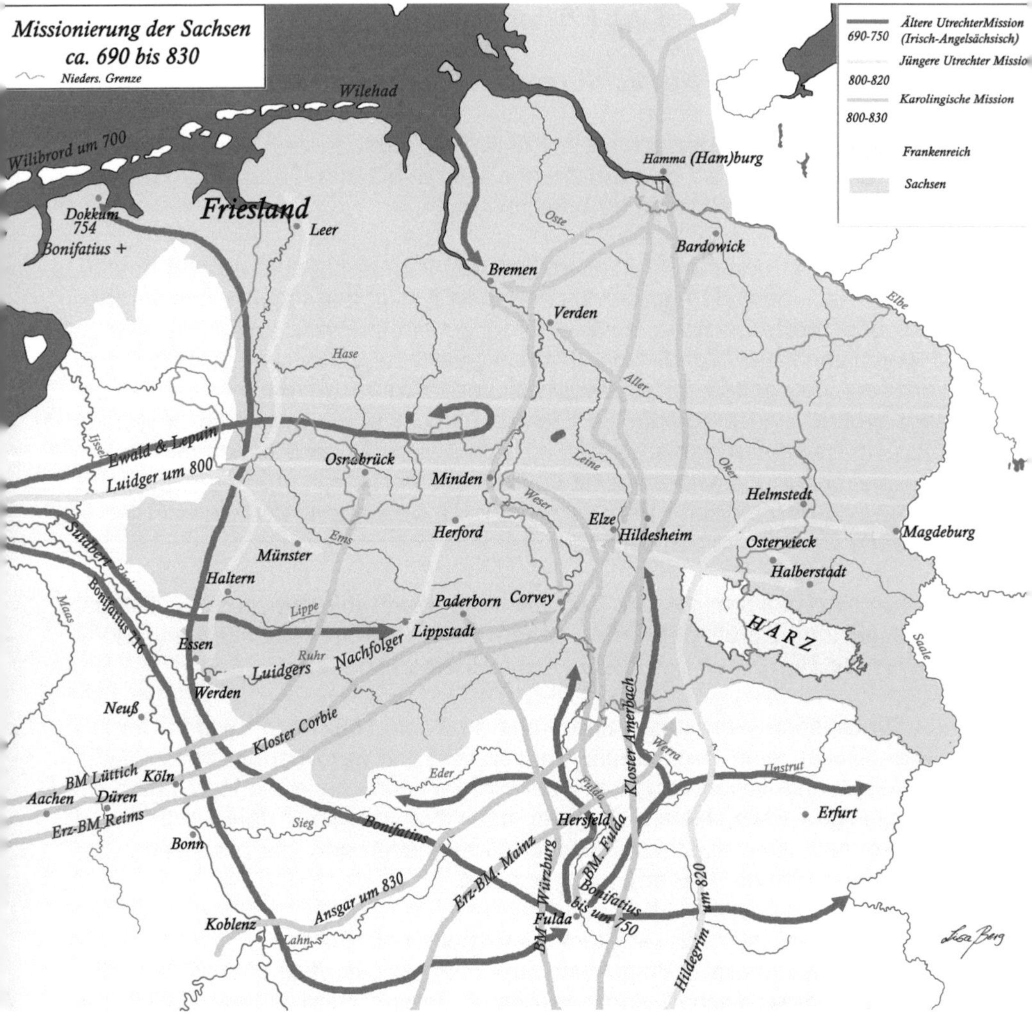

Die primären Quellen, die davon berichten, sind der Bericht des Rudolf von Fulda, die Sachsengeschichte des Widukind von Corvey sowie die Quedlinburger Annalen. Alle Autoren waren aber keine Zeitzeugen sondern lebten drei bis vier Jahrhunderte nach den geschilderten Ereignissen, was ihre Glaubwürdigkeit in Frage stellt. Der erste namentlich genannte Sachse war Widukind, der als Herzog von Sachsen in den Jahren 777 bis 785 den Widerstand gegen Karl den Großen im Sachsenkrieg anführte.

Die Sachsen waren im Frühmittelalter nach allen Erkenntnissen ein noch loser Stammesverband, der eine zentrale Macht ablehnte und an den hergebrachten Traditionen festhielt. Man geht davon aus, dass das riesige Stammesgebiet in etwa siebzig bis achtzig Gaue untergliedert war und sich in vier Stammeslandschaften aufteilte. Die Harzregion gehörte zum Gebiet der ostfälischen Stammeslandschaft. Einen König hatte der sächsische Stammesverband nicht, als einziges Band diente wohl der Allthing, eine Stammesversammlung. Diese fand immer in Marklo statt, einem bisher nicht lokalisierten Ort, der bei Nienburg an der Weser vermutet wird.

Zu den gewachsenen Traditionen der Sachsen zählten anscheinend auch regelmäßige Raubzüge in das fränkische Gebiet. Ob dies für Karl den Großen der Anlass war, seine Feldzüge gegen die Sachsen zu beginnen, oder ob er diese Widerspenstigen konsequent unterwerfen, christianisieren und ins Frankenreich eingliedern wollte ist bis heute strittig. Zu wenige schriftliche Quellen berichten über diese Zeit, und die wenigen vorhandenen reduzieren das Geschehen auf fränkischer Sicht.

Zuvor hatten bereits drei Sachsenfeldzüge stattgefunden, die unsere Harzregion tangierten: 743 Kriegszug Karlmanns; 744 Kriegszug Karlmanns und Pippins sowie 748 der Kriegszug Pippins zur Verfolgung seines Halbbruders Grifo. Doch diese drei vorhergehenden fränkischen Feldzüge zur Befriedung der Sachsen brachten keinen nachhaltigen Erfolg.

Wie auch immer, im Sommer 772 fiel das Heer der Franken unter Karl dem Großen in das sächsische Gebiet ein und zerstörte deren Hauptheiligtum, die Irminsul. Wie dieses altsächsische Hauptheiligtum ausgesehen und auch wo es gestanden haben mag, kann nur vermutet werden.

Eine alte Überlieferung, oder wohl besser eine Sage, schreibt dazu folgendes: „Nachdem Karl der Große die Irminsul zerstört hatte, ließ er sie beim Kloster Corvey vergraben. Nachdem um 822 mit dem Bau des Klosters begonnen wurde, fand man die Reste dieses Sachsenheiligtums. Ludwig der Fromme ließ die Säule dann heimlich nach Hildesheim bringen, um sie dort im Dom aufzustellen. Aber das Vorhaben wurde den Sachsen bekannt und es kam zu einer Auseinandersetzung, bei der je acht Franken und Sachsen zu Tode gekommen sein sollen. Die Franken behielten aber die Oberhand und brachten die Säule nach Hildesheim. Die Auseinandersetzung soll bei einem Ort nahe Hildesheim stattgefunden haben, der heute Irmenseul heißt. Diese Säule oder ein Teil davon soll sich noch heute unter dem Fußboden des Hildesheimer Doms befinden."

Eine weitere Überlieferung beschreibt die Sachsengottheit Krodo, der zu jener Zeit ein Altar auf dem Burgberg der Harzburg gewidmet gewesen sein soll. So schrieb es Konrad Bothos in seiner „Sassenchronik" von 1492. Auch enthält die Chronik eine phantasievolle Darstellung des Götzen Krodo, als Mann auf einem großen Fisch stehend und in der Rechten ein Gefäß mit Blumen, in der linken, erhobenen Hand ein Wagenrad haltend. Im Jahr 780, nach dem Sieg über die Sachsen, soll Karl der Große gemäß Chronik das dem römischen Gott Saturn ähnliche Götzenbildnis zerstört haben. Aber die alten germanischen Götter waren nicht so ohne weiteres aus dem Leben der Sachsen zu verbannen. Noch im 11. Jahrhundert wurde ein massiver, aus Goslarer Bronze gegossener Krodoaltar hergestellt, der bis heute erhalten und nunmehr Ausstellungsstück im Goslarer Stadtmuseum ist.

Aber es gab nicht nur Sachsen am Harz! Ein Teil der Sachsen verließ Mitte des 6. Jahrhunderts seine Gebiete im Schwabengau, Friesenfeldt und Hassegau und zog nach Italien, um mit den Franken an Eroberungsfeldzügen in Italien teilzunehmen. Danach kehrten sie aber misslaunig zurück und wollten sich wieder in ihren alten Gebieten am Süd- und Ostharz niederlassen. Diese waren aber inzwischen, seit etwa 561, durch Schwaben (Sueben) besiedelt worden. Es kam, da anscheinend kein friedliches Nebeneinander möglich war, zu zwei Schlachten zwischen Schwaben und Sachsen, welche die Sachsen beide verloren. Von den etwa 26 000 Sachsen sollen nur wenige übrig geblieben sein, die sich unterwerfen mussten. So blieb das Gebiet in der Hand der Schwaben und dieser Schwabengau hatte seine eigenen Gesetze, die noch über die Ottonen-Zeit hinaus, wohl bis in die Zeit des Sachsenspiegels, Bestand hatten.

In den Sachsenkriegen hatten die Sachsen der Übermacht der Franken nicht viel entgegenzusetzen. So gelangte Karl der Große im Jahr 775 an die Oker. In der vita Luitbirgae (um 870) steht geschrieben, dass ein Sachse namens Hessi Anführer war und sich Karl dem Großen mit seinen Leuten freiwillig ergab. Als Dank wurde er von Karl als Graf im Harzgau eingesetzt und mit Gütern ausgestattet. Graf Hessi's Nachkommen wurden zu bedeutenden Persönlichkeiten im Harzgau, seine Tochter Gisla gründete das Kloster Wendhusen in Thale. Dort steht neuerdings eine lebensgroße Bronzefigur des Grafen Hessi im Rahmen des Thaler Mythen-Weges.

Karl der Große zwischen den Päpsten Gelasius I. und Gregor I.;
Miniatur aus dem Sakramentar Karls des Kahlen, um 870
(eigenes Archiv)

Den Franken schreibt man auch die Gaueinteilung am Harz zu. Wann diese begann ist nur zu vermuten, angenommen werden kann aber, dass sie mit der Zerschlagung der Thüringerreiches einherging. Dieser Aspekt betrifft auch die spannende Frage, wie die Franken in der Harzregion zu dem Königsgut kamen, das ihre spätere Macht begründete. Sicherlich haben sie die Grundlage mit der Einverleibung des Thüringerreiches gelegt. Es folgte eine schrittweise Inbesitznahme von unbewohntem und herrenlosem Gebiet. Mit dem Reichstag von Paderborn im Jahr 777 folgten Erlasse, die unter anderem besagten, dass das Eigentum jedes Rebellen in Königsgut überging. Jeder Geg-

ner der Franken war also als Rebell anzusehen und somit seines Eigentums verlustig. Damit waren nach dem militärischen Sieg der Franken auch die politischen Aspekte geklärt.
Nach dem Sachsenkrieg wurde das Sachsenland fränkische Provinz Sachsen, die alten Grenzen blieben wie zuvor. Eine weitere Einrichtung Karls des Großen waren die Grafschaften, die im Thüringischen Reichsgebiet schon lange bestanden, in Sachsen und somit im Harz aber erst um das Jahr 782 eingeführt wurden. Aus den Urkunden und Schriften ersehen wir, dass jeder Gau in zwei bis drei Grafschaften aufgeteilt worden war. Die Funktion der Grafen war teils richterlich, verwaltend, militärisch, aber auch politischer Natur, angelehnt an die Funktionen der römischen Proconsuln des römischen Reiches – so wie sich die Franken vielfach an den Römern orientierten.

Auch Herzog Widukind, der Anführer der Sachsen, erhielt von Karl dem Großen umfangreiche Güter. Da der Abfall aus dem Frankenreich mit dem Verlust der Güter bestraft wurde, hatten die Franken nachhaltige Beweggründe zur Reichstreue geschaffen.

Mit dem Sieg im Sachsenkrieg und der Gründung der sächsischen Provinz wurde auch begonnen, das Christentum als verbindliche Religion einzuführen. Das war selbst für Widukind Grund genug sich taufen zu lassen. Karl war in seinem Bestreben nach Christianisierung weitsichtig und nahm auf seinen Feldzügen ins Sachsenland kirchliche Würdenträger zur Belehrung und Bekehrung der Unterworfenen mit. Diese erhielten sogleich von Karl Königsgüter zur Gründung von Klöstern und Bischofssitzen. Das Königsgut war also die wichtigste Grundlage für die Herrschaft der Franken im Sachsenlande.

Es herrschte keine Unordnung, weder bei den Franken noch bei den nachfolgenden Ottonen sächsischer Herkunft. Jedes Lehen, jede Überschreibung, jede Schenkung wurde akribisch in Urkunden festgehalten. Leider gingen aber nur die Klöster und Bischofssitze pfleglich mit diesen Dokumenten um und bewahrten sie. Diejenigen der Grafen und Herzöge sind fast vollständig verloren gegangen. Auch für die ersten fränkischen Ausstattungen des Bistums Halberstadt im Jahr 811 sowie des Wipertiklosters Quedlinburg im Jahr 840 gibt es keine erhaltenen Urkunden, was aber nicht weiter verwunderlich ist, denn über jene Zeit liegen für unser Gebiet fast keine Urkunden vor. Bei den gräflichen und herzoglichen Lehen (Amtslehen) hatte dies aber ein gewisses System. Langsam ging das Bewusstsein verloren, dass das Lehen nur auf Amts- oder Lebenszeit verliehen wurde.

Es setze eine Vererbung von Amt und Lehen ein, die ursprünglich so nicht vorgesehen war.

Das trifft insbesondere auch für die damaligen Burgen zu. Burgenbau war in karolingischer Zeit ein Privileg des Königs. Auch die achtzehn Burgen in Sachsen, die im Hersfelder Zehntverzeichnis genannt werden, waren somit Reichsgut. Im Einzelnen waren dies die Burgen: Helfta, Beyernaumburg, Allstedt, Merseburg, Schraplau, Bornstedt, Seeburg, Vitzenburg, Querfurt, Burgscheidungen, Burgwerben, Mücheln, Goseck, Kuckenburg, Lettin, Holleben sowie die nicht eindeutig identifizierten Gerburgoburg, Viubinaburg und Suemeburg.

Nach der Schlacht vom Jahr 775 an der Oker zwischen den Franken und den Sachsen schienen in der Harzregion die Verhältnisse zu Gunsten der Franken geklärt. Das hieß aber noch nicht, dass die Sachsen sich endgültig in das Frankenjoch ergeben hatten. Die Sachsenkriege nahmen im Norden ihren weiteren Lauf und im Jahr 782 konnten die Sachsen den Franken in der Süntelschlacht eine schmerzliche Niederlage beibringen. Das veranlasste Karl den Großen sich erneut nach Sachsen zu begeben. Er versammelte die Führer der Sachsen bei Verden an der Aller. Um einer Strafaktion durch Karl zu entgehen, sollen die Sachsen die angeblichen Aufrührer übergeben haben, insgesamt 4 500 Personen. Wie die sogenannten Einhard-Annalen berichten, sollen alle 4 500 Sachsen auf Befehl von Karl dem Großen an einem Tag enthauptet worden sein. Dieses Ereignis wurde fortan das Blutgericht von Verden genannt, ist aber wissenschaftlich umstritten. Man geht von einer wesentlich geringeren aber dennoch beachtlichen Zahl aus („multitudo hominum") gemäß einer der Quellen.

Im Gandersheimer Stadtteil Brunshausen wird der Ursprung des sächsischen Geschlechts der Liudolfinger gesehen. Der Namensgeber, Sachsenherzog Ludolf, war ein Urenkel von Karl dem Großen und von Widukind. Angeblich soll er 843, nach dem Vertrag von Verdun, von seinem Vetter Ludwig dem Deutschen mit den Ländereien an der Gande belehnt worden sein. Dann soll er mit seiner Gemahlin Oda um 853 das Stift Gandersheim gegründet haben. Aus dieser Stiftung wurde eine Art Familienstiftung, eine Konstellation, die auf Dauer für die Versorgung der weiblichen Familienmitglieder angelegt war. Ludolf war ein geschickter Machtpolitiker, der aus den Christianisierungsbemühungen der Franken seinen Nutzen zog. Da seine jüngste Tochter Liudgarde mit Ludwig dem Jüngeren, einem Sohn von König Ludwig dem Deutschen, vermählt war, machte er sich auch diese Königsbeziehung zu nutze. Vor seinem Tod schloss er mit dem König ein Treuebündnis, das ihm und seinen Nachkommen die Lehns- und Besitzrechte für alle Zukunft sicherte. So hatte Herzog Ludolf von Sachsen den Grundstein für eine Adelsdynastie gelegt, die später noch Weltgeschichte schreiben sollte. Sein ältester Sohn Bruno gilt als Gründer von Braunschweig im Jahr 861. Sein jüngster Sohn Otto, der später hochachtungsvoll „der Erlauchte" genannt wurde, trat das Erbe seines Vaters an, da sein älterer Bruder Bruno schon früh umgekommen war. Otto der Erlauchte war daher plötzlich Erbe in den Provinzen Sachsen und Thüringen und hatte eine sehr mächtige Stellung inne. Er war das nördliche Bollwerk gegen die Normannen und die Slaven, dem konnten die karolingischen Könige wenig entgegensetzen.

Auch die Sangerhäuser Region mit dem Zentrum Wallhausen und Allstedt kann als frühes karolingisches Königsgut identifiziert werden. Schon im Jahr 777 schien Karl der Große in Allstedt eine Kirche gegründet zu haben, wie die

Urkunden von Hersfeld besagen. Doch wo eine Kirche war, war auch eine Siedlung nicht weit. Wallhausen, wo später unter den Liudolfingern ein Königshof bestand, war wohl schon zu Zeiten Karls des Großen ein solcher. Einige Historiker leiten Wallhausen auch von Wala ab, dem Vetter Karls des Großen und obersten Beamten der Provinzen Sachsen und Thüringen.

Ebenfalls mit dem Karolinger Wala in Verbindung gebracht wird der Ort Waladala, der mit Waldau gleichgesetzt wird. Waldau ist jetzt ein Stadtteil von Bernburg und wahrscheinlich dessen ältester. Bereits im Jahr 806 muss dort ein Königshof oder eine Pfalz bestanden haben, wie folgende urkundliche Erwähnung des Klosters Moissac besagt: *„Kaiser Karl feierte Ostern in Nimwegen, und schickte seinen Sohn den König Karl nach Thüringen zu einem Ort, der Waladala genannt wird, und dort hielt er seine Heerschau ab. Und von dort schickte er seine Heerscharen über die Elbe; er selbst zog über die Saale ins Guerenaveldo. Und dann wurde der stolze König Milito, der im Gebiet der Sorben herrschte, getötet; und später kehrte er zur Elbe zurück; und er verwüstete jene Landstriche, und zerstörte deren Burgen. Und die übrigen Könige ebendieser kamen zu ihm, und versprachen, dem Herrn und gottesfürchtigen Kaiser zu dienen, und stellten Geiseln nach seinem Willen. Und diesen trug König Karl auf, zwei Burgen zu errichten, die eine nördlich der Elbe gegenüber Magdeburg, die andere östlich der Saale an einem Ort, der Halle genannt wird; darauf kehrte er zu seinem Vater zurück."* Zum Nachdenken anregend ist die aktuelle Aussage, dass bei Bernburg bereits von Ptolemäus eine römische Stadt oder Siedlung vermutet wurde. Wenn man sich die Strategien und Vorgehensweisen der Karolinger genauer betrachtet, zeigen sie zahlreiche Analogien zu den Römern und insbesondere zu deren Germanenkriegen.

Auch die Ortsnamen mit dem Grundwort –hausen können wohl dieser karolingischen Gründungszeit zugeordnet werden. Im Süden und im Osten des Harzes (Helmegau, Hassegau), aber auch im Westen gibt es davon reichlich wie zum Beispiel: Nordhausen, Mühlhausen, Sondershausen, Mittelhausen, Osterhausen und so weiter. Eine besonders deutliche Sprache spricht diesbezüglich Frankenhausen, wo als Bestimmungswort gleich noch der Volksstamm der Gründer beigefügt wurde. Augenscheinlich ist auch um die alte karolingische Reichsburg Beyernaumburg eine Ansammlung dieser Gründungen zu verzeichnen. Im Nordwesten des Harzes dagegen gibt es nur einen Ort – Westerhausen – bei Quedlinburg, der ebenfalls Königsgut war. Auch sind am Nord- und Südharz zwei Windehausen bekannt, das am Nordharz unterstand dem Grafen Hessi und war beim heutigen Thale gelegen. Winidi war damals der gebräuchliche Name für Slawen, somit ist anzunehmen, dass dort Wenden angesiedelt worden waren. Alles königlicher Grundbesitz, auf dem die verschiedensten Völker angesiedelt wurden. Das war sicherlich auch eine karolingische Strategie, durch die Volksvermischung zu verhindern, dass die unterlegenen Sachsen wieder zu schnell zu Macht und Einfluss hätten kommen können.

Es gilt auch als gesichert, dass die Wassermühlen durch die Franken in Sachsen und Thüringen eingeführt worden sind. Die ersten diesbezüglichen Wassermühlen sind dabei in Anbindung an die fränkischen Königshöfe entstanden und, gemäß Erlass Karls des Großen, den Vorstehern direkt in Fürsorge gestellt worden.

Auch Halberstadt ist als karolingische Gründung anzusehen (eventuelle vorherige römische Aktivitäten unbenommen), denn vor der Errichtung des Bischofssitzes ist dort eine geräumige Burg gewesen, mit umfangreichem Wirtschaftshof und Mühlen. Heute deutet nur noch die Adresse Königsmühle darauf hin.

Wie wir sehen, gab es rund um den Harz reichlich fränkisches Königsgut, in einigen Regionen war anscheinend sogar fast jede dörfliche Siedlung Reichsgut. Da stellt sich die Frage, wie kamen die Karolinger in kurzer Zeit an so umfangreiches Fiskalgut? Die Annalen teilen uns mit, dass es im Jahr 786 zu einer Verschwörung und zu Unruhen und Widerstand gegen die Franken kam. Anführer soll ein Graf Hardrad aus dem Thüringischen gewesen sein, man kann aber auf Grund der Quellen durchaus davon ausgehen, dass auch weite Gebiete des Nord- und Ostharzes an dem Widerstand beteiligt gewesen sind. Über die Ursachen dieser Verschwörung gibt es nur Vermutungen. Sucht man die wenigen Spuren, die jener Graf Hardrad hinterlassen hat, so verweisen sie in die Region nördlich von Sangerhausen. Seine Grafenburg wird als die ehemalige Ratzelburg, hoch über der Tyra bei Berga, gesehen.

Aber zurück zum Königsgut! Es ist anzunehmen, dass nach der Niederwerfung dieser Verschwörung gegen die Franken, gemäß den Bestimmungen des Paderborner Reichstages vom Jahr 777, alles Gut der Abtrünnigen dem fränkischen Fiskus zugeführt wurde. So ist eine nachvollziehbare Erklärung für das umfangreiche fränkische Königsgut in der Harzregion gegeben.

Das Harzgebirge selbst, das zu jener Zeit noch nicht bewohnt war, ist uns als Bannforst der deutschen Kaiser und Könige bekannt. Aber wie kam der Harz mit seinen Forsten in den königlichen Besitz? Zur Zeit der germanischen Völker war der Harz noch freies Land. Es kann mit großer Sicherheit davon ausgegangen werden, dass die Franken begannen das vastum (Ödland) durch Markensetzung aufzuheben. Durch fränkische Forstmeister wurde der Harz in abgemarkte Bezirke eingeteilt, die durch Grenzsteine gekennzeichnet waren. Die dergestalt geschaffenen Forstbezirke wurden im Grundwort mit -feld bezeichnet und das Bestimmungswort gab das in der Region fließende Gewässer: Hasselfeld, Bodfeld, Selkenfeld, Ilfeld und so weiter und in jedem dieser Forstbezirke wurde ein Jagdhof angelegt. So wird das Ödland, das vorher Allgemeineigentum war, wohl in Reichsbesitz gekommen sein. Es wird auch angenommen, dass bereits unter den Franken am Harz, aber auch im Harz, insbesondere bei den Jagdhöfen, intensive Pferdezucht betrieben wurde. Diese Annahme wird durch einige urkundliche Hinweise untermauert. Auch die zahlreichen Flurnamen wie: Wildentäler, Fohlentäler, Pagenberge und so weiter deuten darauf hin.

Wo es Forste gab und Jagdhöfe, da muss es auch gut passierbare Wege gegeben haben. In wie weit diese Wege von den Franken angelegt wurden, einige bestanden sicherlich schon vor der Frankenherrschaft, kann nicht gesichert festgestellt werden. Aber dass die Karolinger einige dieser Harzüberquerungen ausgebaut haben ist sehr wohl nachweisbar. Alle diese fränkischen Fiskalien wurden entsprechend gekennzeichnet. Dazu dienten aufgestellte Steine, aber auch natürliche Gegebenheiten wie Bäume und Felsen. Diese Bäume wurden Malbäume genannt und waren wie alle Markungsobjekte mit einem Kreuz gekennzeichnet. Wie Höfer berichtet, waren diese Kreuze noch vor hundert Jahren auf den Grenzsteinen der Stolbergisch-Wernigeröder Forste zu sehen sowie auf Grenzsteinen von Wernigerode.

Aber auch dem mächtigen Geschlecht der Karolinger, von dem besonders Karl der Große hervorstrahlt, war kein dauerhaftes Herrschertum gegeben. Nach dem Tod von Kaiser Karl wurde das ostfränkische Reich mehrfach geteilt. Der Vertrag von Verdun im Jahr 843 kann als Keimzelle der Entstehung der Länder Deutschland und Frankreich gesehen werden. Mit dem Tod von Ludwig dem Kind im Jahr 911 war die ostfränkische Linie ausgestorben. Kurzzeitig, bis 919, wurde der Konradiner Frankenherzog Konrad I. zum König gewählt. Mit dem Aussterben der Karolinger war auch die Epoche des Frühmittelalters zu Ende.

Die archäologischen Funde in der Harzregion sind nicht so reichlich, wie man an Hand der Bevölkerungsdichte und der fortgeschrittenen Kultur erwarten würde. Das trifft insbesondere auf Bodenfunde fränkischer Herkunft zu. Aufschlussreich sind dabei besonders die Gräber fränkischer Krieger, die an Hand ihrer Waffen, wie Langschwert, Schild, Wurfaxt (Franziska) und Lanze sowie weiterer Grabbeilagen wie Tongefäße und Schmuck leicht zu erkennen sind. Von diesen Gräbern wurden im 19. Jahrhundert sowie Anfang des 20. Jahrhunderts einige gefunden: Westerhausen, Egeln, Wilsleben, Wehrstedt, Westdorf, Dingelstedt, Kochstedt, Quedlinburg, Harzgerode, Langenstein, Gatersleben und Anderbeck sind einige der Orte, die mir bekannt sind. Leider sind die meisten der Funde verlorengegangen.

In Halberstadt-Wehrstedt wurde in den 60er Jahren des vergangenen Jahrhunderts ein sächsisch-karolingisches Gräberfeld mit zahlreichen Grabbeilagen ausgegraben, das insgesamt 195 Körpergräber barg.

Der sächsische Adel wohnte zu jener Zeit wohl noch nicht in befestigten Burganlagen wie in späteren Jahrhunderten. Es hatten sich anscheinend aus kleinen Siedlungen größere Wirtschaftshöfe entwickelt, die als Herrensitze dienten. Erstmals konnte in Niedersachsen Ende, des letzten Jahrhunderts bei Düna / Osterode, ein solcher Herrensitz ausgegraben werden. Ein Rekonstruktionsversuch zeigt ein repräsentatives, zweigeschossiges Steingebäude mit Spitzdach.

Rekonstruktionsversuch eines repräsentativen Steingebäudes ca. 800-1000
Lisa Berg nach L. Klappauf

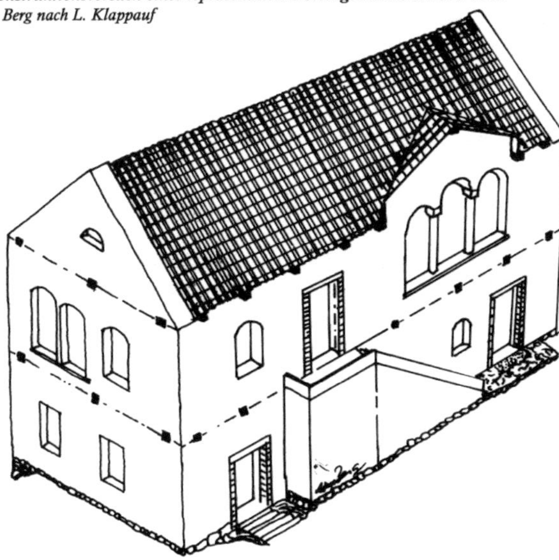

Für mich erschließt sich eine Logik für die zahlenmäßig wenigen Bodenfunde dieser Zeit nur dadurch, dass die Franken ihre gestorbenen oder getöteten Soldaten nur im Notfall in Feindesland begruben. Die einheimische Bevölkerung dagegen war noch nicht christianisiert und bevorzugte noch weitgehend die Verbrennung und Urnenbestattung, die schwieriger zu lokalisieren sind und oftmals im Laufe der Jahrhunderte durch die Landwirtschaft und andere Kulturmaßnahmen zerstört wurden.

Trotz des langen und hartnäckigen Widerstands der Sachsen begannen sie sich aber, nach Karls des Großen Zeit, Schritt für Schritt in das karolingische

Reich einzugliedern. Ähnlich verlief es mit der Christianisierung – wobei die Völker der Harzregion darauf verweisen können, dem neuen Glauben am längsten von allen germanischen Stämmen widerstanden zu haben. Von nun an aber kehrten sie Schwert und Schild gegen Osten und wurden zum Hüter des Reiches gegen die slawischen Völker.

Die spätantike und frühmittelalterliche Entwicklung des alten Herzogtums Sachsen in der Nordharzregion bis zur Zeit der Ottonen – von Franken, Billingern und Liudolfingern

Im Früh- und im Hochmittelalter gab es in der Harzregion neben dem Geschlecht der Liudolfinger, aus dem die Könige der Ottonen hervorgingen, ein weiteres überregional bedeutendes sächsisches Adelsgeschlecht – die Billinger, die seit Otto I. Billunger genannt wurden.

Über deren Herkunft und Abstammung gibt es noch viele Unklarheiten in der Geschichtsforschung. Trotzdem möchte ich im Folgenden versuchen, mit meinem Exkurs etwas Licht ins Dunkel der Herkunft dieses Geschlechtes zu bringen. Meine Erkenntnisse beruhen auf jahrelangen Recherchen und haben sicherlich einige Substanz, allerdings möchte ich mit meinen Thesen keine Behauptungen aufstellen, sondern vorrangig nur Anregungen zu weiteren Forschungen geben.

Zuerst möchte ich einige Ausführungen zur Bedeutung der Namen, beziehungsweise Wörter *„Bil, Biling, Billing*“ und deren Verbreitung machen. Die Namensforschung geht davon aus, dass das Wort oder der Wortstamm *bil* in seiner ursprünglichen Bedeutung von „Zauber“ abzuleiten ist. Auch wird davon ausgegangen, dass es sich im Germanischen/Nordischen um den Namen einer Göttin gehandelt hat, die für die Zeit, den Augenblick, den Aufenthalt stand, worauf schon Tacitus in seiner „Germania“ verweist. Diese Göttin wurde von Angeln, Warnen und anderen swebischen Völkern verehrt. Später erlangte *„Bil“* die Bedeutung „Zauber“ in Zusammenhang mit „Bild“ sowie zum Zauberkundigen *„Bilweiß“.* Dann fand *„Bil“* Eingang in die germanische und nordische Mythologie. *Bil*-Namen erhielten große Bedeutung, Zwergenkönige hießen *Bilei*, eine Göttin der Edda *Bil* und auch Helden erhielten diesen Namen oder Wortstamm. Der *Bil*-Stab, ursprünglich ein Zauberstab, entwickelte sich zur Hiebwaffe: Bil, Bile, Bille, Beil und so weiter.
Auch als Orts- und Flurnamen erscheint *bil* als Bestimmungswort weit verbreitet. Das gilt auch für das Rechtswesen, wo einige Thingstätten mit dem Bestimmungswort *bil* und dem Grundwort *stein* als „Bilstein“ bezeichnet wurden.

Aber woher stammt der Name Billing? Diese Frage beschäftigte lange die Historik, jetzt scheint sie gelöst. In Südschweden liegt in „Västergötland“ nordöstlich von Göteborg in der Nähe von Skara, ein größeres Bergplateau namens Billingen.

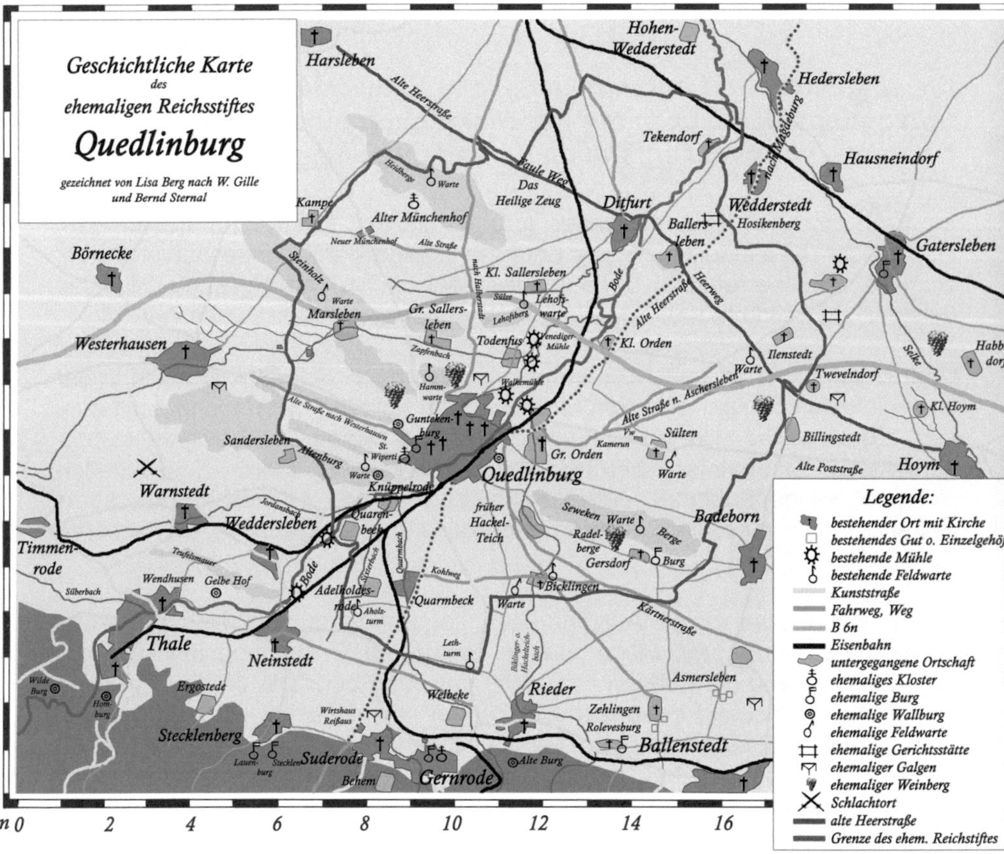

Auch gibt es dort Ortsnamen wie zum Beispiel Vara, Varnamo, Rostock sowie weitere Bezugsnamen und volkskundliche Tatsachen, die die Vermutung zulassen, dass diese Region das Ursprungsland des Stammes der Warnen war. Von dort zog dieser Stamm, oder Teile davon, in südwestliche Richtung über die Ostsee und ließ sich an der ostmecklenburgischen Ostseeküste nieder, gründete Rostock und Warnemünde und gab dem Fluss Warnow seinen Namen.
Das erste schriftliche Zeugnis von Warnen und Billingern gibt uns der um das Jahr 700 lebende Sänger Widsith, der sich in seinem berühmten überlieferten

Widsithlied rühmt, bei fast allen großen Helden zu Gast gewesen zu sein, so auch beim König der Warnen mit Namen Billing.

Auch weiß man, dass die Billinger in der Quedlinburger Region schon im Frühmittelalter eine bedeutende Position innehatten. Beachtenswerter Weise habe ich bei meinen Recherchen im angeblich angestammten Herkunftsgebiet der Warnen und Billinger in Südschweden, in entsprechenden topografischen Karten, die geografischen Angaben Ramberg, Österberg und Stupenberg gefunden. So heißen auch die drei prägnantesten Höhenzüge im Gernröder Forst, südlich der Quedlinburger Region. Alles Zufall?

Zuvor, in der Völkerwanderungszeit, verschmolzen zahlreiche germanische Stämme miteinander, es entstanden neue Völker wie zum Beispiel die Sachsen. Zu diesen Stämmen zählten auch die nordischen Friesen und Warnen. Auch diese drangen dann teilweise weit nach Süden vor, bis zum Nordharz. So werden einige Ortsgründungen mit dem Grundwort *„stedt"* den Warnen zugesprochen. Veckenstedt hatte noch im 10./11. Jahrhundert Herren, die den Namen Walo trugen.
Im 8. Jahrhundert mussten sich dann auch die Stämme und Völker in der Nordharzregion den Bestrebungen und Angriffen der Franken erwehren. Lange konnte sich die Nordharzregion der Einflussnahme der Franken entziehen und die Christianisierung verhindern, doch die Sachsenkriege gingen verloren. Die Bistümer Halberstadt und Hildesheim wurden um das Jahr 800 von Karl dem Großen gegründet, gleiches gilt für Magdeburg. Wie aber ging die Entwicklung weiter? Über vielem liegt nach wie vor der Schleier der Geschichte, aber einiges ist doch überliefert.

Mitte des 9. Jahrhunderts betrat das Geschlecht der Liudolfinger, von Gandersheim aus, die Bühne der Geschichte. Zuvor, im Jahr 805, sandte Karl der Große einen Königsboten namens Aito nach Magdeburg. Dieser nahm dort wohl eine Position ein, die der späterer Markgrafen entsprach, wie aus dem Kapitular von Diedenhofen vom Juli 805 abzuleiten ist. Die nördliche „Nachbarmark" Bardowick ist einer der ältesten Orte in Niedersachsen und wurde damals von Hredi beaufsichtigt. Die bedeutende und große Altsiedlung wird heute ausgegraben und erforscht. Über die Herkunft und Abstammung des kaiserlichen Beamten Aito, der auch Odo genannt wurde, gibt es nur Vermutungen. Da Aito und dessen Nachkommen für unsere genealogischen Betrachtungen aber keine unbedeutende Rolle spielen, wollen wir uns diesem edlen fränkischen Geschlecht in der Folge etwas ausführlicher zuwenden. Zur Vereinfachung und Unterscheidung zu den Liudolfingern(Ottonen) bezeichnen wir dieses Geschlecht mit dem Stammvater Aito/Odo nach Alfred Keseberg als Odonen.

Der später nur noch Odo genannte kaiserlicher Legat hatte anscheinend eine Gemahlin Namens Ado. Das Paar muss schon bald zu umfangreichem Grundbesitz in der Magdeburger Region gekommen sein. Denn nach der Gründung des Reichsklosters Corvey im Jahr 822 schenkten Ado und Odo im Jahr 826 dem Kloster ihren Besitz an den Dörfern Westerhausen, Salbke und Welsleben. Es kann sich dabei auf Grund des regionalen Bezuges nur um das Westerhausen bei Quedlinburg gehandelt haben, wo auch eine fränkische Wasserburg errichtet worden sein soll.

Der in dieser und auch anderen Corveyschen Urkunden genannte Zeuge Ludolf dürfte identisch mit dem Sachsenherzog Liudolf sein, der mit Oda, Enkeltochter von Ado und Odo vermählt war. Durch diese Beziehung entstand wohl das verwandtschaftliche Verhältnis zwischen Odonen und Liudolfingern. Weitere Besitzfolgen und Besitzübertragungen von den Odonen auf die Liudolfinger Liudolf und dessen Sohn Herzog Oddo im Nordthüringischen sowie zwischen Aller und Oker sind nachweisbar und stützen diese Annahme. Aus weiteren Quellen und Urkunden kann geschlossen werden, dass das Gut des Königsboten Aito im Harzgau lag. Dann schweigen die Quellen über die Odonen, es ist anzunehmen, dass sie im Mannesstamme ausgestorben sein werden.

Stattdessen tritt eine Frau namens Aeda ins Licht dieser geschichtlichen Betrachtungen. Aeda scheint die Mutter von Oda, der Ehefrau von Sachsenherzog Liudolf zu sein. Jene Aeda hat wohl auch das Erbe der Odonen angetreten. Und sie hat, da sind wir wieder beim Thema, *princeps* Billing geehelicht. Davon kündet Roswitha von Gandersheim im Zusammenhang mit der Gründung des Stifts Gandersheim am Harz. Diese Titulierung *„princeps“* ist dem römischen Wortschatz entlehnt und entspricht der später verwendeten Bezeichnung „Legat“. Sie bezeichnet ein hohes überregionales Amt sowie staatliche Gewalt, die der Grafengewalt übergeordnet war.

Woher dieser „Fürst“ Billing stammte war bisher nicht belegt. Dann bin ich auf eine Urkunde von Karl dem Großen aufmerksam geworden. Darin wird darauf verwiesen, dass zwei Sachsen mit Namen Amalung und Hiddi ihre Heimat verlassen mussten, weil sie, entgegen der anderen Sachsen, während der Verschwörung zu Karl gestanden hatten. Deshalb hatten die beiden Männer in der silva Bocchania je ein Neugut von Karl angenommen. Man vermutet, dass der silva Bocchania ein buchenbewachsenes Waldland zwischen Werra und Fulda bezeichnete. Ein Sohn des Amalung soll ein Graf Bennit gewesen sein, wie die Urkunde besagt. Dieser Graf Bennit beantragte im Jahr 811 vom König die Bestätigung des neu gewonnenen Besitzes, aber auch den alten Besitz von villa Orden in der Provinz Saxonia. Es kann davon ausgegangen werden, dass diese villa Orden eine der beiden heute wüsten Ortschaften Klein- oder

Groß Orden bei Quedlinburg bezeichnete. Jener Amalung ist somit als ältester überlieferter Billinger in Ostsachsen anzusehen. Aus diesem Sachverhalt ist auch zu schließen, dass sich die Verschwörung im Sachsenland gegen Karl den Großen bis an den Nordharzrand hinzog.

Eine familiäre Zuordnung jenes Grafen Bennit, Sohn des Amalung sowie von princeps Billing ist schwierig. Beide dürften Ende des 8. Jahrhunderts bis Mitte des 9. Jahrhunderts gelebt haben und waren wohl Brüder. Wobei sicherlich Graf Bennit mit jenem Bennicho gleichzusetzen ist, der auch Benneckenrode gegründet haben soll.

Älteste baugeschichtliche Zeichnung der Quedlinburg - auf der Urkunde vom 26. August 956

Auf jeden Fall muss princeps Billing eine herausgehobene Stellung bei den Sachsen eingenommen haben, denn sonst wäre er kaum der Schwiegersohn des kaiserlichen Legaten zu Magdeburg geworden. Annehmen kann man auch, dass dieser Billing Nachfolger seines Schwiegervaters, des Magdeburger Legaten Aito geworden ist – Belege dafür sind mir aber nicht bekannt. Zeitlich sind diese Vorgänge vor der Mitte des 9. Jahrhunderts einzuordnen. Auf jeden Fall ist ein Indiz dafür, dass Billing eine Verbindung nach Magdeburg zugesprochen werden kann, die Gründung des Ortes Billingsdorf. Dieses Dorf ist wüst und lag einst etwa 14 Kilometer südlich von Magdeburg bei

Langenweddingen/Sülldorf. Ein Indiz, weil Fürst Billing sein Gut/ seine Residenz am Harz bei Quedlinburg hatte. Wohl der älteste Ortsname mit „*billing*" als Bestimmungswort ist das zwischen Quedlinburg und Hoym liegende, schon lange wüste Billingstedt, denn es wurde mit dem alten Grundwort –stedt gebildet. Durch dieses Bestimmungswort ist der Ort als Besitz des Billing eindeutig ausgewiesen.

Es kann somit angenommen werden, dass die Billinger vor den Liudolfingern in der Quedlinburger Region Besitztümer erlangten, denn St. Wiperti , der spätere Königshof, kam erst durch Otto den Erlauchten, jüngster Sohn des Grafen Liudolf, zwischen 901 und 912 seitens des Klosters Hersfeld in dessen Besitz. Eine Schenkung der Billinger in den ersten Jahrzehnten des 9. Jahrhunderts an das Kloster Fulda belegt, dass die Billinger wohl schon vor jenem *princeps* Billing in der Quedlinburger Region Besitztümer innehatten. Sie schenkten dem Kloster das Gut in dem Ort Orden im Harzgau. Wie wir heute wissen, gab es die Ortschaften Klein Orden und Großorden, beide sind seit dem 15. Jahrhundert wüst. Groß Orden lag direkt östlich vor Quedlinburg, in Richtung Billingstedt. Klein Orden lag etwa 3 Kilometer von Quedlinburg entfernt in Richtung Ditfurt, in unmittelbarer Nähe zur Bode. Welcher Ort Orden im Klostereintrag gemeint war, ließ sich leider bisher nicht nachweisen. Auch Ditfurt ist ein sehr alter Ort, der als Bodefurt bereits um 800 in den Aufzeichnungen des Klosters Fulda genannt wurde. Zu jener Zeit, die Sachsenkriege waren nach 32 Jahren beendet, baute Karl der Große im nördllichen Harzvorland eine befestigte Heerstraße, die aus südöstlicher Richtung über Aschersleben, Hoym, Ditfurt und Harsleben nach Halberstadt und dann weiter nach Westen führte.

Die Billinger waren auch Besitzer der Quitilinga Burg, vielleicht sogar in Person des princeps Billing. Ohne weitere Überlieferung waren dann aber, wie aus heiterem Himmel, Quedlinburg und auch Orden zu Beginn des 10. Jahrhunderts im Besitz der Liudolfinger, wie unzweifelhaft aus Urkunden von Heinrich I. und Otto I. ersichtlich ist. Wie aber waren diese Besitztümer der Billinger an die Liudolfinger übergegangen? Dafür gibt es nur eine logische Erklärung: Aus dem Erbe der odonischen Aeda und dem Besitz des princeps Billing, die diesen Besitz ihrer Tochter Oda in die Ehe mit Graf Liudolf mitgaben. Nach allen bisher bekannten Quellen blieben Aeda und der Billinger ohne männlichen Nachwuchs, diese Linie der Billinger starb aus. Durch diesen umfangreichen Besitz- und damit verbundenen Machtzuwachs in Ostsachsen, aber auch in Thüringen sowie um Magdeburg, erlangten die Liudolfinger schnell eine über ganz Sachsen dominierende Vormachtstellung. Warum die Liudolfinger den Schwerpunkt ihrer Macht dann verhältnismäßig schnell vom Gandersheimer Raum nach Ostsachsen, insbesondere nach Quedlinburg verlegten, ist historisch noch nicht hinreichend geklärt. Ich möchte daher im Folgenden versuchen, eine gut fundamentierte Hypothese dafür aufzustellen:

In den Sachsenfeldzügen der Franken von 743 bis 748 spielte eine alte sächsische Volksburg eine tragende Rolle. Diese Burg, die in der Urfassung als „Hoohseoburg“ bezeichnet wurde, ist von den Annalisten besonders in diesem Zeitraum häufig genannt worden. Seit über zweihundert Jahren bemüht sich die Geschichtsforschung, die Lage dieser Volksburg zu ergründen. Bisher leider ohne jeden Erfolg, denn die verschiedenen Hypothesen über ihren angeblichen Standort haben keine fundamentierte Basis.

Durchgesetzt hat sich zunächst die Hypothese, die unter anderem von P. Höfer (1907), R. Holtzmann (1927) und P.Grimm (1929), aufgestellt und weiterentwickelt wurde und die diese Burg als „Seeburg“ am Süßen See bei Eisleben verorteten. Die Quellenanalysen, besonders von Holtzmann, sind aber stark anzuzweifeln, meiner Meinung nach sogar abzulehnen. Auch sind bis heute keine archäologischen Beweise, die für diese These sprechen, erbracht worden. Ich bevorzuge dagegen die Dissertation von H. Goebke (zirka 1942), zumal für seine Hypothese viele von ihm herangezogene Fakten sprechen und neue in den letzten Jahren hinzugekommen sind.

Goebke verortet die Hoohseoburg, die in der heutigen Literatur Hochseeburg genannt wird und wobei wir im weiteren Text bleiben werden, zwischen Quedlinburg und Wedderstedt. In den verschiedensten fränkischen Quellen wurde diese Sachsenburg für die drei Sachsenzüge von Karlmann (743), Karlmann und Pippin (744) sowie Pippins Verfolgungszug auf Grifo (748) genannt. Für die ersten beiden Feldzüge sind letztendlich bisher keine verwertbaren geografischen Angaben zur Hochseeburg zu entnehmen.
Im letzten Feldzug verfolgte Karl Martells Sohn Pippin der Jüngere seinen Halbbruder Grifo, der bei Erbauseinandersetzungen zu den Sachsen geflohen war. Die fränkischen Annalen berichten, dass Grifo sich über Thüringen nach Sachsen geflüchtet hatte. Eine wichtige Rolle bei diesen Sachsenzügen spielte der sächsische Adlige Theodorich, der Befehlshaber/Herr auf der Seeburg war. Theodorich handelte beim ersten Kriegszug mit Karlmann einen Frieden aus und bewahrte wohl so die Hochseeburg vor der Zerstörung.
Beim zweiten Feldzug wurde er von Pippin gefangengenommen und „angeblich“ die Hochseeburg zerstört.

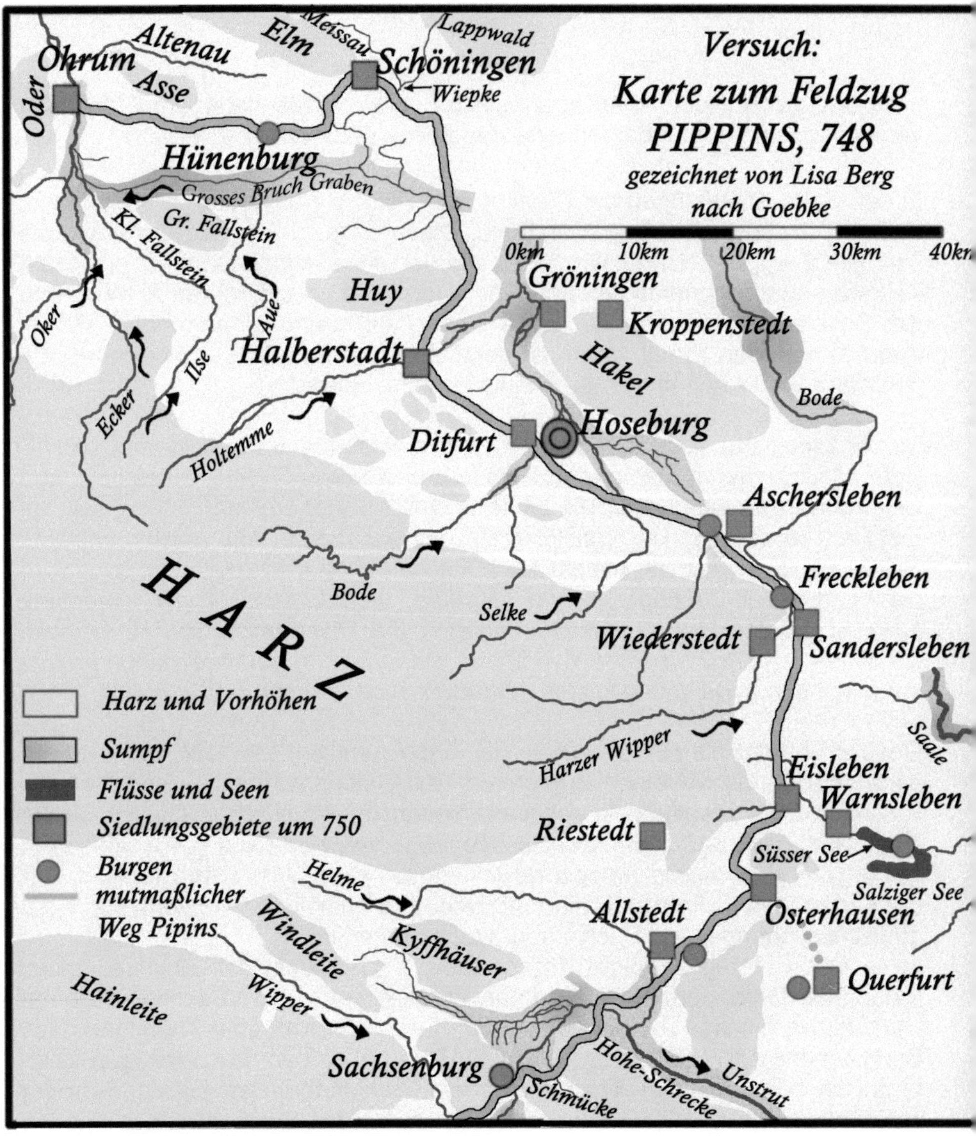

Es gibt nun Vermutungen, dass Grifo den Sachsen Theodorich auf seiner Flucht nach Sachsen aus der Gefangenschaft befreite und als Verhandlungspartner und Unterstützer mitnahm. Drei Feldzüge nach Sachsen – dreimal spielt die Hochseeburg eine bedeutende Rolle – dreimal ist Theodorich eine Schlüsselfigur. Wer war dieser Sachse Theodorich? Die Geschichtsforschung weiß es nicht, es gibt nur Vermutungen und Hypothesen. Ich hänge der Vermutung an, dass dieser Theodorich der Vater oder auch Großvater des berühmten Widukind, Herzog von Sachsen, war, der später den Widerstand gegen Karl den Großen führte. Auch gibt es die Annahme, dass Widukind und somit auch Theodorich Vorfahren der Immedinger waren, einem bedeutenden Adelsgeschlecht der liudolfingerschen Ära, die in Ostfalen zwischen Innerste und Oker ihren Zentralsitz hatten. Möglich wäre aber auch, dass Theodorich ein Billinger war.

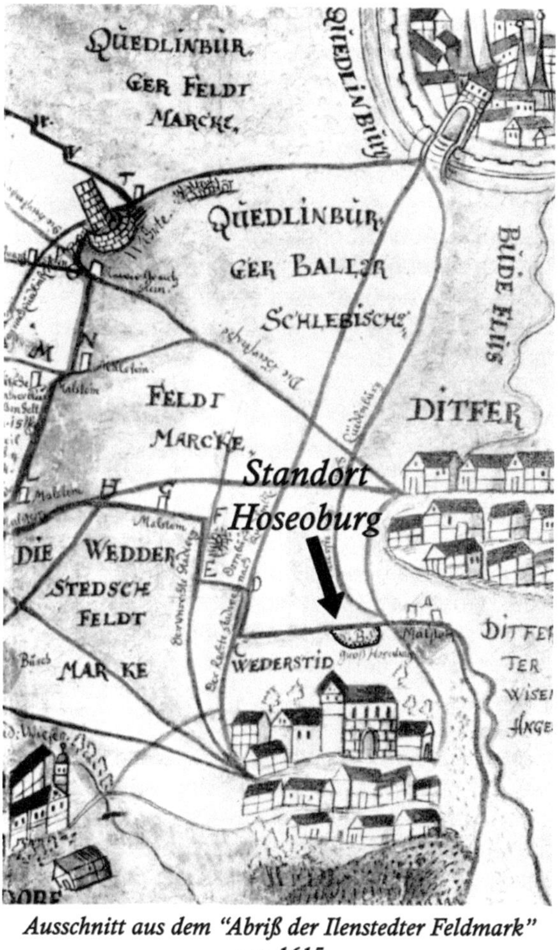

Ausschnitt aus dem "Abriß der Ilenstedter Feldmark" von 1615
Eintragung des Burgwalles auf dem Großen Hosenberg

Aber worauf begründet sich die Hypothese, dass die Hochseeburg bei Quedlinburg lag? Die alten Quellen berichten uns vom Fluchtweg Grifos, der über Thüringen, das Nordschwabenland bis zur Oker führte. Über die Route von Pippin ist wenig überliefert – nur, dass er über Schöningen nach Ohrum an der Oker zog. Somit kam Pippin nicht aus westlicher Richtung! Für Pippin bestand die Priorität darin, seinem Halbbruder zu folgen und ihn so schnell wie möglich einzuholen und zu stellen. Also wird er Grifo sicherlich auf dessen Weg gefolgt sein. Von Thüringen her führten in den Hassegau zwei alte Verkehrswege. Der eine über Querfurt wäre ein gewaltiger Umweg gewesen. Der andere Weg führte über die Sachsenpforte, überquerte bei Artern die Unstrut und verlief weiter über die beiden ältesten fränkischen Missionierungssorte der Region:

Allstedt und Osterhausen, weiter führte der Weg über Eisleben, Welfesholz, Sandersleben nach Aschersleben. Von dieser angenommenen Route liegt der Süße See völlig abseits. Auch kennen wir den letzten Teil des Feldzuges von der Hochseeburg, die er wohl vollständig zerstört hat, über Schöningen nach Ohrum. Also musste der Weg über Aschersleben, Hoym und Quedlinburg verlaufen, denn südlich verläuft bereits der Harz und nördlich war es nicht weit bis zum unpassierbaren Großen Bruch.

Da die Burg vor Schöningen aber noch im Schwabengau gelegen hat, muss sie zwischen Aschersleben und der Bode, als westliche Grenze des Schwabengaues, gesucht werden. Auch die Straße, die Pippin damals von Aschersleben bis zur Bode benutzt haben muss, lässt sich gut festlegen, denn ein Bodeübergang war nur bei Ditfurt möglich. Der Weg verläuft folgendermaßen: Aschersleben-Hoym-Gaterslebener Warte- Ditfurt. Dort unterhalb von Wedderstedt liegt der Große Hoseberg (auch Hosenberg, Hösekenberg) auf dem einst eine mächtige Burg stand, die noch 1615 auf der Karte „Abriss der Ilenstedter Feldmark“ eingezeichnet ist und wohl als die gesuchte Hoohseoburg anzusehen ist.

Dies ist meine persönliche Auffassung, die ich noch durch zahlreiche Argumente untermauern kann. Bis keine wissenschaftliche Untersuchung des Areals stattgefunden hat, ist meine These weder zu belegen noch abzulehnen. Dieser 122 Meter hohe Berg, der einst vor der Separation die Form einer Hose hatte, war strategisch ideal gelegen, hatte man doch einen Überblick über das Harzvorland, die Bodeaue inklusive Bodefurt, bis zum Hakel in nördlicher Richtung. Obwohl auf dem genannten Hoseberg nachweislich eine Burg stand, mehrere Fuhrwerke voll Keramik gefunden wurden, wovon einige Scherben in einen Zeitraum von 1 500 bis 600 v.Chr. datiert wurden, ist dieser Berg nach Aussage des Kreisarchäologen Dr. Schlegel als archäologische Fundstätte unbekannt und bisher nicht untersucht worden. Auch sprachliche

Bedenken beim Vergleich Hoohseoburg = Hoseberg sind kaum geltend zu machen.

Eine südlich des Berges gelegene Senke heißt Mallasgrund; mallas war bei den Franken eine Volksgerichtsstätte. Der Große Hoseberg verlor aber auch nach der Zerstörung der Volksburg seine Bedeutung nicht und war über das gesamte Mittelalter Gerichtsstätte.

Aber welche Aufgabe ist dieser Burg zuzuschreiben? Westlich am Fuße des großen Hoseberges liegt ein Flurstück, dass noch heute den Namen Thie trägt. Thie-Plätze werden als vorgeschichtliche Kultstätten angesehen. Welche Bedeutung hatte dieser Thie? Warum gründeten sich rund um den Hoseberg, mit Mallach und Thie, so zahlreiche Dörfer: Klein- und Groß Wedderstedt, Ditfurt, Ballersleben, Klein- und Groß Orden, Tekendorf, Idelenstedt, Twevelndorf, Klein- und Groß Sallersleben, Sülten, Billingstedt und letztendlich auch Quedlinburg, alle im Umkreis von zirka 3 bis 5 Kilometern?

In den Jahren 2002 bis 2005 wurden umfangreiche archäologische Grabungen im Vorfeld der Baumaßnahmen zur neuen B6n durchgeführt. Von der geplanten Trassenführung nördlich von Quedlinburg waren zwei wüste Dörfer betroffen: Marsleben und Klein Orden.
Besonders die Siedlung Marsleben wurde ausgiebig archäologisch untersucht. Die umfangreichen Funde dieser Grabung werden die Wissenschaft noch Jahrzehnte beschäftigen, aber schon heute kann gesagt werden, dass bedeutende neue Erkenntnisse gewonnen werden konnten. So ergibt sich aus den zahlreichen Brunnen, die ausgegraben wurden – und die aus verschiedenen vorgeschichtlichen Epochen stammen – das Bild, dass die Menschen jener Zeit schon erheblich früher sesshaft geworden sein müssen als bisher angenommen. Besonders aber die Grabungen in der Siedlung Marsleben, die westlich von Quedlinburg liegt und auch nur wenige Kilometer vom Hoseberg entfernt, brachten Außergewöhnliches zu Tage. Diese Siedlung war groß, viel größer als man für derartige mittelalterliche Siedlungen angenommen hatte. Und sie eröffnete einen Einblick in das Leben der Landbevölkerung vom frühen bis zum späten Mittelalter, wie er in Sachsen-Anhalt bisher nicht möglich war. Nur wenige Zentimeter unter der Ackeroberfläche kamen die Überreste des Dorfes Marsleben zum Vorschein. Die Reste von über 60 Wohngebäuden legten die Archäologen im Laufe der Grabungen frei und das Besondere: Viele davon mit Kellern, die oftmals vollständig erhalten waren und manchmal sogar überwölbt. Zum Teil führten Treppen in die unterirdischen Gemäuer, denen selbst die schwere Landtechnik nichts anhaben konnte. Nachträglich eingesetzte Wände sowie Anbauten und Erweiterungen zeugten von der langen Nutzung dieser Gebäude. Die Gebäude waren mit schweren Holztüren gesichert, die mit eisernen Schlüsseln verschlossen werden konnten. Gedeckt

waren die steinernen Gebäude mit Tonziegeln. Die Anordnung der Gebäude lässt auf eine planmäßige Erbauung der Anlage schließen. Zahlreiche Brunnen aus den verschiedensten Epochen wurden ausgegraben und waren für die Archäologen besondere Fundgruben. Bekannt war für das Dorf Marsleben auch, welches im 15. Jahrhundert aufgegeben wurde, dass es eine Peterskirche besessen hatte. Mittels geophysikalischer Methoden wurde diese Kirche, an der bereits im Jahr 1902 gegraben wurde, lokalisiert. Neben zahlreichen anderen Funden wurde auch ein frühmittelalterlicher Grabstein gefunden. Eine bedeutende Entdeckung, denn an Hand der Kreuzdarstellung sowie weiterer Elemente ließ sich dieser Stein in die merowingisch-karolingische Zeit datieren. Dieser Grabstein belegt damit die außergewöhnlich frühe Christianisierung der Gegend um Quedlinburg. Eine Erkenntnis, die so vorher nicht für möglich gehalten wurde. Diese Erkenntnis lässt aber die Hypothese zu, dass diese Region (nach der eventuellen Zerstörung der Hochseeburg) nach dem letzten Sachsenzug Pippins in fränkische Hände oder aber unter fränkischen Einfluss gekommen war. Somit gibt es auch eine plausible Erklärung dafür, wie unter Karl dem Großen der Königsbote Aito so schnell und früh zu Besitz in der Region Quedlinburg (Westerhausen) gekommen ist. Und es würde auch die Theorie untermauern, dass Aitos Schwiegersohn princeps Billing sein Nachfolger geworden ist und so weiteren Besitz und Einfluss um Quedlinburg gewinnen konnte.
Diese Theorie beantwortet aber noch nicht die Frage, warum diese Region schon so früh so dicht besiedelt war. Der gehäufte Güterbesitz des Klosters Fulda um Quedlinburg lässt die Vermutung zu, dass diese Region ein Mittelpunkt von Bonifatius Fuldaer Mission war. Man muss daher auch der Vermutung Raum geben, dass die Region oder sogar die Hochseeburg eine uralte heidnische Verehrungsstätte von erheblicher Bedeutung darstellte. Wenn dem so sein sollte, so kann auch ein Zusammenhang zur Irminsul nicht gänzlich ausgeschlossen werden. Ein weiteres Wenn und Aber: Alle Forschung hat bisher aber keine nennenswerten Resultate über diese Epoche liefern können.

In unmittelbarer Nähe zum mittelalterlichen Dorf Marsleben stießen die Archäologen auf eine Siedlung der späten römischen Kaiserzeit (3. /4. Jahrhundert). Das Besondere an diesem Fund waren aber nicht die Grundrisse der aufgefundenen Grubenhäuser, es war ein Eisenverhüttungsplatz. Auch das ist soweit nichts Außergewöhnliches, die Eisenverarbeitung war damals schon viele Jahrhunderte bekannt. Bemerkenswert ist nur die große Anzahl von Rennfeueröfen, es waren 26 an der Zahl. Diese Häufung deutet auf eine Art frühgeschichtlichen Verarbeitungszentrums hin, dass eine erhebliche Anzahl von Fachleuten benötigte. Ein Einfluss des römischen Reiches ist dabei nicht auszuschließen, auch unter dem Gesichtspunkt, dass die Römer zur Zeitenwende versuchten, eine germanische Provinz zu errichten, die auch Halberstadt, Oschersleben und Magdeburg einbezog. Waren Eisenerzvorkommen, das Vermögen das Erz fachmännisch zu verhütten und daraus Waffen, Werkzeuge und Schmuck zu fertigen, der Grund für die außergewöhnliche Entwicklung der Region um Quedlinburg? Dazu kam die Nähe zum alten Handelsweg entlang des Nordharzes, der den Norden Europas mit dem Süden verband sowie der einzige Bodeübergang. Es ist sicherlich nur eine Hypothese, aber eine, die nicht einfach ad absurdum zu führen ist. Leider wissen wir es wohl bisher nicht besser.

Zu den bereits näher bezeichneten Gütern der Billinger um Quedlinburg kommen weitere im Harz hinzu. Princeps Billing hatte einen Bruder namens Bennicho. Das wissen wir aus der Schenkungsurkunde über das Dorf Orden an das Kloster Fulda. Jener Billinger Bennicho, über den wir sonst kaum etwas wissen, gilt auch als Begründer des am alten „Thüringer Weg“ gelegenen Benneckenstein. Entsprechend der Namensgebung lässt sich ein Eigenbesitz des Bennicho ableiten. Auch die Gründung von Bodfeld, dem späteren Königshof, ist gemäß alter Urkunden wohl diesem Bennicho zuzuordnen. Aber auch dieser verstarb anscheinend ohne Erben, so dass seine Güter über seinen Bruder auf Sachsenherzog Liudolf übergingen.

Liudolf Herzog von Sachsen war also mit der Billinger-Tochter Oda verheiratet. Über diese erhielt das Geschlecht der Liudolfinger, als dessen Gründungsvater Liudolf gilt, umfangreichen Güterbesitz im Harzgau, im Schwabengau und im Hochharz sowie in Thüringen und um Magdeburg.

Auf Liudolf, der im Jahr 865 in Gandesheim starb, folgten seine Kinder Sachsenherzog Brun, Sachsenherzog Oddo sowie Tochter Liutgard. Brun, der älteste Sohn, starb ohne Erben im Jahr 880 in der Normannenschlacht. Oddo, genannt Otto der Erlauchte, hatte drei Kinder, darunter Heinrich I.. Dieser wurde um das Jahr 876 geboren, im Jahr 912 Sachsenherzog und von 919 bis 936 König des Ostfrankenreiches.

Die Zeit von Heinrich I. gehört zu den quellenärmsten des gesamten Mittelalters. Dieser Umstand ist sicherlich dem Übergang des ostfränkischen Königtums von den Franken auf die Sachsen zuzuschreiben. Bei den Sachsen war es im Gegensatz zu den Franken bis dato kaum üblich Annalisten zu unterhalten. Überliefert ist aber, dass bereits Otto der Erlauchte sich gern und häufig auf seinen Quedlinburger Gütern aufhielt. So gelangte er auch um das Jahr 900 in den Besitz des vom Hersfelder Kloster gegründeten Wipertiklosters am Fuße der Quedlinburg und errichtete dort ein herrschaftliches Gut. Die Gründe für Ottos Vorliebe für Quedlinburg sind nicht bekannt, ich schließe aber auf die geschilderte Bedeutung dieser Region und wohl daraus resultierend auch auf die zeitgemäße „Infrastruktur“. So lernte auch Heinrich I. Quedlinburg frühzeitig kennen und wohl auch zu schätzen. Schon kurz nach Übernahme der Herzogswürde begann Heinrich den Herrschaftsmittelpunkt der Liudolfinger nach Quedlinburg zu verlagern. Er machte die ehemalige Billinger Quitilinga Burg zur Königspfalz. Besondere Bedeutung erlangte diese Königspfalz gegenüber den anderen, weil Heinrich es zur Tradition werden ließ, dort das Osterfest zu feiern. Mit der Verlegung des Herzogssitzes von Gandersheim nach dem Billingischen Quedlinburg hatte Heinrich zuvor schon in dem durch Erbschaft erworbenen Gebiet Ostsachsens einen neuen Schwerpunkt herzoglicher Macht rings um den Harz, in Quedlinburg, Memleben, Nordhausen, Duderstadt, Grone und dem angestammten Gandersheim geschaffen. Durch seine erste Heirat mit der Witwe Hathui, Tochter von Erwin von Merseburg, gelangte er in den Besitz erheblichen Gutes um Merseburg und in der Saaleregion. In zweiter Ehe vermählte er sich mit Mathilde aus dem Widukindschen Geschlecht und empfing damit umfangreiche Güter im Norden und Westen: Hausgut um Enger, Herford, an Hunte und Hase sowie im Oldenburgischen. Dieser umfangreiche Streubesitz über ganz Sachsen als machtpolitische Grundlage verhalf Heinrich wohl zur Erlangung des Königtums.

Heinrichs Sohn Otto, im Jahr 912 geboren, wurde bereits 929 als Nachfolger bestimmt. Nach dem Tod seines Vaters Heinrich im Jahr 936 trat Otto I. unmittelbar seine Königsherrschaft an, nachdem bereits zu Lebzeiten Heinrichs die Reichsherzöge Otto zum König gewählt hatten.

Die Odonen waren in den Billingern aufgegangen und die Billinger in den Liudolfingern. Nun war auch die Herrschaftsdynastie der Liudolfinger erloschen, sie wurden fortan Ottonen genannt.

Meine Ausführungen, besonders jene über die Hochseeburg, stellen natürlich nur eine These dar. Eine solche bleibt es auch, trotz der wohl zahlreichen handfesten Argumente und Fakten und ich würde mir auch nicht anmaßen meine These als Behauptung hinzustellen. Auch weil es neuerdings noch einen zweiten Standort für die Hochseeburg gibt, der im Gespräch ist: die Hünenburg bei Watenstedt (Jerxheim). Die dortige alte Fluchtburg auf dem Heeseberg ist seit langem bekannt. In den 1990er Jahren wurden dann unter Leitung von Herrn Wolf-Dieter Steinmetz auf der Anlage umfangreiche Grabungen durchgeführt. Bei den Grabungen ließen sich mehrere Bauphasen nachweisen, die ältesten aus der Bronzezeit (1 100 bis 700 v.Chr.). Am Beginn der Eisenzeit ging die Hünenburg wahrscheinlich durch eine Brandkatastrophe unter. Viel später, im 5. Jahrhundert, wurde die Anlage dann wohl von den Sachsen wieder einer Nutzung zugeführt, die bis ins 8. Jahrhundert hinein andauerte, soweit die Grabungsergebnisse entsprechend der archäologischen Fundhorizonte. Diese sowie die Tatsache, dass die Anlage in unmittelbarer Nähe zu einer alten Handelsstraße lag, lassen den Archäologen Steinmetz zu dem Schluss kommen, dass die Hünenburg mit der gesuchten Hochseeburg gleichzusetzen ist. Ein These, die nicht von der Hand zu weisen ist. Auch liegt die Hünenburg an der von mir verorteten Route des Franken Pippin Richtung Schöningen.

Eine These also, die nicht besser und nicht schlechter ist als meine beziehungsweise die von Goebke. Für meine These sprechen allerdings außerdem die Ergebnisse der umfangreichen Grabungen entlang der B6n, die eine äußerst dichte Besiedlung im Umfeld der „Hochseeburg" nachgewiesen haben. Denn wo eine bedeutende Fluchtburg für die Altsachsen Sinn machen soll, da müssen im Umfeld auch viele Menschen gelebt haben, die diese Anlage nutzten konnten. Außerdem sind im näheren Umfeld, die gesamte Teufelsmauer sowie Heidberg, einige vor- und frühgeschichtliche Heiligtümer. Beides muss für die Hünenburg erst noch nachgewiesen werden, um diese These zu stärken.

Abschließend soll nochmals darauf verwiesen werden, dass „Hochseeburg-Standorte" nur Thesen sind. Ob jemals ein zweifelsfreier Beweis für eine dieser Thesen erbracht werden kann vermag ich nicht abzuschätzen. Denn sicher wird man an keinem der zwei Burgenstandorte ein Schild finden auf dem „Hochseeburg" steht.

Die Gaugrafschaften des Harzgebietes

Der Begriff „Gau" gilt heute als Bezeichnung für einen in sich geschlossenen germanischen Siedlungsraum, dem noch keine politische und verwaltungstechnische Aufgabe zukam. Erst mit den Sachsenkriegen Karls des Großen und der Christianisierung der Harzregion, wurden die frühmittelalterlichen Gaugrafschaften als Verwaltungseinheiten in der Form von gräflichen Amtsbezirken eingeführt. Diesen Gaugrafschaften soll sich der Beitrag widmen.

Der Harz war zu jener Zeit umringt von den folgenden Gauen: Harzgau, Densigau, Derlingau, Ambergau, Liesgau, Zorgegau, Helmegau, Nabelgau und Schwabengau.

Beginnen wir mit dem Nordosten des Harzes, der Region von Thale bis Ilsenburg. Dies war der Harzgau, der auch Halberstadt einschloss und urkundlich seit 875 nachgewiesen ist. Als erster Harzgaugraf ist Friedrich I. überliefert. Aber bereits 814 nannte Kaiser Ludwig der Fromme einen Hartingowe; nach den Fuldaer Jahrbüchern von 852 wird dieser Gau von den Haruden bewohnt. Nach diesen wurde er auch Harudengau genannt. Harud,

woraus Hard, Hart und dann wohl Harz wurde, bedeutete so viel wie Wald oder Waldgebirge und wird als Namensgeber für das Gebirge angesehen.
Im nordwestlichen Harz schloss sich der Densigau an, der den Raum Goslar einnahm.
Nördlich davon, zwischen Großem Bruch und Oker, begrenzt vom Harzgau, lag der Derlingau. Er reichte östlich bis an den Nordthüringgau. Als erster Gaugraf wurde der Brunone Brun im Jahr 965 urkundlich genannt.

Südwestlich schloss sich der Ambergau im Gebiet von Seesen - Bockenem an. Das Gaugebiet variierte im Laufe der Jahrhunderte recht stark. Es wurde östlich vom Salzgitter-Höhenzug und nordwestlich vom Hildesheimer Wald begrenzt und umfasste naturräumlich im Wesentlichen das Innerstebergland. Der Ambergau wie auch der Derlingau werden dem ursprünglichen Stammesgebiet der Cherusker zugeschrieben.

Im 10. Jahrhundert bildete sich als bedeutendes politisches Zentrum die Pfalz Dahlum heraus, die an den in Ost-West-Richtung verlaufenden Königsweg angeschlossen war.

Der Liesgau, der am westlichen Harz folgte, wurde mehrfach im 9. bis 11. Jahrhundert erwähnt. Er umfasste in etwa das Gebiet des heutigen Landkreises Osterode. Erstmals urkundlich erwähnt wurde der Liesgau im Jahr 889, als König Arnulf von Kärnten den Gaugrafen Adalgar belehnte.

Im heutigen Landkreis Nordhausen lag im nördlichen Teil zur Zeit der altdeutschen Gauverfassung der Zorgegau. Er teilte sich dieses Landkreisgebiet mit dem südlich liegenden Helmegau. Dieser Gau erstreckte sich von Wallhausen über Kelbra, dem Verlauf der Helme folgend, bis zur Saale und schloss Nordhausen und Artern mit ein. Vom Fluss Helme hat er wohl auch seinen Namen. Als erster Graf im Helmegau wird urkundlich im Jahr 961 Graf Wilhelm I. von Weimar genannt.

Der Nabelgau schloss sich dem Helmegau an und nahm den Raum zwischen Helme, Unstrut und Wipper ein, welcher die Region zwischen Heringen und Frankenhausen einschließt. Als erster Graf wird Menginward in einer Urkunde von 932 erwähnt, wonach auch Ichstedt im Nabelgau als ein Tauschobjekt mit König Heinrich I. genannt wird.

Den Harzring schließt der Schwabengau. Die auch Suebengau genannte Grafschaft lag am nordöstlichen Harz und umfasste das große Gebiet von Thale über Quedlinburg, Ballenstedt, Aschersleben, Hettstedt bis zur Saale. Dieser Gau, der von Nordthüringen bis zu den Westgrenzen Anhalts reichte, wurde von Schwaben und Franken bewohnt.

Als erster Gaugraf ist Christian aus dem Geschlecht der Billunger überliefert, der um das Jahr 950 gestorben war. Der Schwabengau war Kerngebiet der Askanier und später Keimzelle des Fürstentums Anhalt.

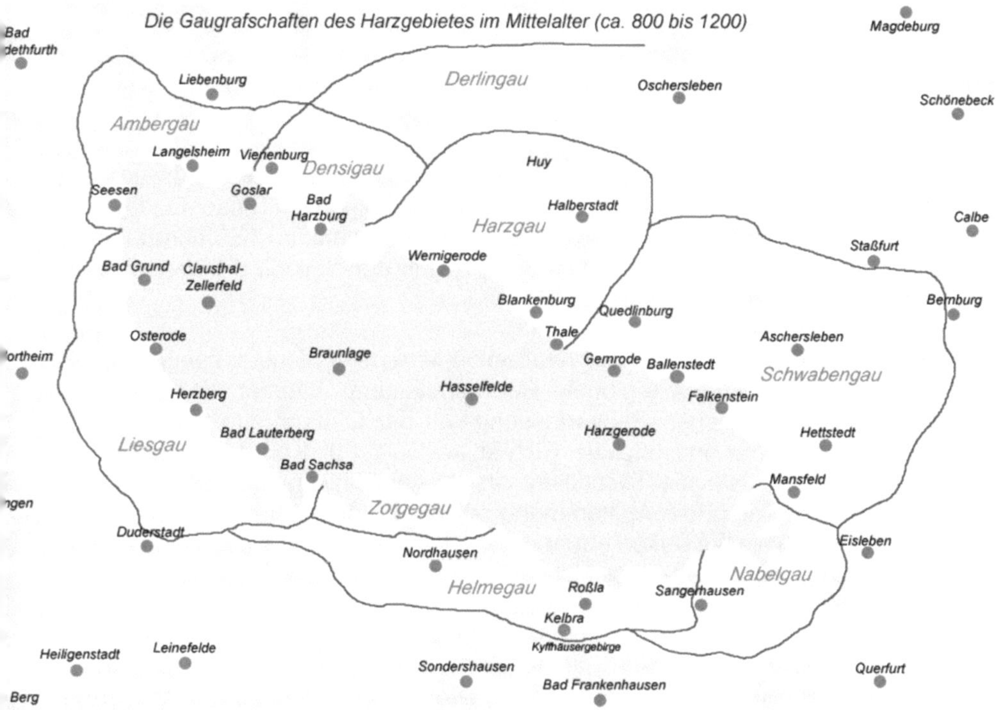

Die von mir angefertigte Harzgaukarte kann nur eine grobe Orientierung geben. Die Grenzen der einzelnen Gaue hatten zum Teil immer nur sehr kurze Zeit Bestand. So könnte man exakte Gaugrenzen stets nur für einen genau definierten, kurzen Zeitraum erstellen und das sicherlich auch erst für das Hochmittelalter, weil für die Zeit davor histografische Quellen weithin fehlen.

Von der Entwicklung der Verwaltungsstrukturen und dem Herrschaftsdienst im Harz

Von den römischen Geschichtsschreibern ist uns überliefert, dass sich die wehrfähigen Männer von einhundert germanischen Sippen zu Verteidigungszwecken zu Hundertschaften zusammenschlossen. Deren Hundert bildeten wiederum in dichter besiedelten Gebieten Goschaften. Sie wurden später vielfach durch festgefügte Markgenossenschaften ersetzt, die Freie, Hörige und Unfreie umfassten. Die Franken begannen zuerst im Südharz, wohl ab dem 6. Jahrhundert, ihre Verwaltungsstrukturen einzuführen, die sich an denen der Römer orientierten. Spätestens mit Karl dem Großen wurden diese Strukturen der Gauschaften auch im Nordharz eingeführt. Deren Verwaltung wurde in die Hände von Gaugrafen gegeben, die vom König selbst bestimmt wurden. Somit waren diese Ämter zunächst nicht erblich, aber natürlich mit großen Privilegien ausgestattet.

Mit der Einführung der fränkischen Gauverfassung um das Jahr 780 wurde die Harzregion in zehn verschiedene Gaugebiete eingeteilt. Diese Gaugebiete hatten etwa vier Jahrhunderte Bestand und wurden dann im 12. Jahrhundert in zahlreiche Grafschaften aufgelöst, aus denen in der Neuzeit die Verwaltungsbezirke der Kreise entstanden.

Der ursprüngliche, von Karl dem Großen verliehene Grafentitel beinhaltete die Befehlsgewalt über eine regionale Heeresabteilung, mitunter eine Tausendschaft. In der fränkischen Gauverfassung war der Gaugraf zugleich der erste Verwaltungsbeamte und höchste Richter im Gau. Für Karl den Großen und seine Nachfolger war die Tüchtigkeit erstes Auswahlkriterium für die Ernennung zum Gaugrafen, die Abstammung spielte nur eine untergeordnete Rolle. Allerdings mussten die ausersehenen Vasallen Edelfreie (germanische Adlige) sein, um an Königs Statt militärische und richterliche Gewalt ausüben zu können. Bei der Rechtsprechung wurde der Gaugraf von sieben schöffenbarfreien Männern (eine Standesbezeichnung des niederen Adels) bei der Urteilsfindung unterstützt. Zuvor, beim altsächsischen Thing, hatten noch alle freien Mitglieder der Sippe gemeinsam über schwere Verbrechen zu Gericht gesessen. Diese sich herausgebildet habende Sonderstellung von edelfreien Männern gegenüber dem gemeinfreien Mann war durch Grundbesitz oder Amtslehen bedingt. Später entwickelte sich daraus der Land- und Dienstadel.

Der Besitz von Allod (freier, vererbbarer Besitz) war in den altsächsischen Hundertschaften oft mit Glück verbunden, wie alte fränkische Quellen berichten. So wurde die Vergabe des Sedelhof (Fron- oder Herrenhof), des Hofverbandes der Sippen, häufig durch Los zwischen den einhundert Sippenführern entschieden. Dieser Sedelhof befand sich immer in unmittelbarer Nähe der Malstatt, der Kult- und Gerichtsstätte, des Dorfangers und der Kampfwiese. Der Besitz des Sedelhofes schuf somit die Grundlage für großen Grundbesitz.

Bereits in der fränkischen Gauverfassung waren definierte Maße für Grundflächen festgelegt. Dies waren die Fränkischen Hufen, die sich an alten römischen Maßen orientierten. Dieses Flächenmaß wurde auch im Heiligen Römischen Reich beibehalten. Zwar variierten Länge und Breite der Hufen zu verschiedenen Zeiten, das eigentliche Flächenmaß blieb aber immer gleich. Unterteilt wurde dieses Flächenmaß in Kleinhufen, Landhufen, Großhufen und Königshufen. Die Kleinhufe (15 Acker) umfasste rund 6 Hektar, die Landhufe (30 Acker) rund 12 Hektar, die Großhufe (60 Acker) rund 24 Hektar und die Königshufe (120 Acker) rund 48 Hektar, wobei die Kleinhufe das Grundmaß darstellte.

Edelfrei war, wer mindestens zehn Hufe eigenes Land besaß, während die Gemeinfreien über weniger Land verfügten. Die Hörigen (Laten, Liten) dagegen hatten nur eine Hufe zugeteilt bekommen, für die sie Dienst leisten oder Zins zahlen mussten. Dann gab es noch die Unfreien (Leibeigene), die „servi" genannt wurden. Dies waren zum einen verurteilte Straftäter, denen alle Rechte aberkannt worden waren und Angehörige unterjochter Völker oder in kriegerischen Auseinandersetzungen Gefangengenommene. Diese Laten, die zu einem Herrenhof gehörten, wurden am Nordharz auf die verschiedenen Siedlungen aufgeteilt. Sie besaßen so wenig Rechte, dass sie beliebig verkauft, eingetauscht oder verschenkt werden konnten. Trotzdem besaß das Leben eines hörigen Laten laut Gesetz doppelt so viel Wert wie das eines Unfreien „servi".

Die Laten, die den größten Teil der damaligen Bevölkerung ausmachten, waren durch Herren- und Frondienste sowie Zins und Abgaben eng mit ihren Grundherren verbunden. Diese Herrendienste sowie die Klosterdienste, waren in der Harzregion Grundpfeiler der kulturellen und zivilisatorischen Entwicklung.

Aber auch die Freien, Edelfreie wie auch Gemeinfreie, unterstanden seit Einführung der fränkischen Gauverfassung einer Reichsfron zur Landwehr sowie einer Gemeindefron bei öffentlicher Notwendigkeit.

Mit zunehmend sinkender Königsgewalt im Reich nahm die Macht des Adels auch im Harzgebiet seit dem 11. Jahrhundert zu. Die Grundherren und Harzgrafen erweiterten ständig ihre Lehnsrechte. Neben den sogenannten dinglichen Frondiensten, die sich lediglich auf Besitz oder Amt bezogen, kamen zahlreiche persönliche Herrschaftsdienste hinzu.
Dabei konnte der Herrschaftsdienst „gemessen"- festgelegt geregelt, oder „ungemessen" – ohne genaue Festlegung sein. Es gab sässigen Frondienst, der sich auf jeden einzelnen Bewohner der Herrschaft bezog, oder walzenden Frondienst, der der Reihe nach auf alle Einwohner zukam. Die Schaffung der zahlreichen Burgen und die Verlegung der Herrschaftssitze auf selbige, waren nur durch diese Frondienste möglich. Durch die Burgen erhielt die Bevöl-

kerung zwar erweiterten militärischen Schutz sowie eine sichere Rückzugsmöglichkeit, diese zusätzliche Sicherheit musste aber teuer erkauft werden. Die vielfältigen Frondienste hinderten die Bevölkerung aber an ihrem Tagewerk auf den Feldern und in den Werkstätten. Außerdem mussten noch Zins und weitere Abgaben an die Herren gezahlt werden, denn die Burg und ihre Bewohner wollten unterhalten sein. Die Pflicht zu diesen Frondiensten war in der Harzregion im Hochmittelalter besonders groß. Die Bevölkerung hatte kaum genug zum Leben, Hunger war ihr ständiger Begleiter. Es war die Zeit, die den Ruf des dunklen Mittelalters prägte – wohl zu Recht. Aber nicht nur Frondienste und Abgaben beutelten die Bevölkerung, hinzu kamen auch noch die ständigen Kleinkriege der adligen und geistlichen Herren, die fast immer auf dem Rücken der Bevölkerung ausgetragen wurden. Im Spätmittelalter wurden dann die Frondienste sowie auch die Abgabenlast abgeschwächt, um dann aber nach Ende des Mittelalters in einer wohl nie dagewesenen Auspressung der Bevölkerung zu gipfeln. Der Aufstand der Bauern, als Bauernkrieg bezeichnet, war das sichtbare Zeichen gegenüber dieser Herrschaftspolitik.

Das Hochmittelalter

Das Hochmittelalter begann mit dem Aussterben der Karolinger im Jahr 911. Das sächsische Volk hatte sich inzwischen im Reich der Franken so etabliert und so viel Macht und Ansehen errungen, dass man dem Liudolfinger Otto dem Erlauchten, Sohn von Sachsenherzog Ludolf von Gandersheim, die Königskrone antrug. Otto fühlte sich aber zu alt für diese Bürde und lehnte dankend ab. So ergab es sich, dass der Frankenherzog Konrad I. zum König gewählt wurde. Aber der Konradiner hatte nicht lange Freude an seiner Herrschaft, er starb bereits im Jahr 919 nach nur acht Jahren Königtum.

Vieles aus dieser Zeit, die in der Geschichtsforschung für den Zeitraum von 900 bis 1250 angesetzt wird, liegt für uns heute im Dunkel der Geschichte. Trotzdem übt das Mittelalter auf uns eine große Faszination aus, es ist mystisch, geheimnisvoll und sagenumwoben.

Aber es gibt Überlieferungen, aus denen wir uns ein anschauliches Bild jener Zeit machen können. Das möchte ich mit meinen nachfolgenden Ausführungen versuchen.

Es war eine schwarze Zeit für die meisten Menschen, das Hochmittelalter. Es regierten, im Namen Gottes, aber nicht vom Himmel aus, der Klerus und genauso absolutistisch in weltlichen Belangen die Fürsten und Grafen mit ihren Familien.

Besonders im 10. Jahrhundert herrschte eine Art Endzeitstimmung. War man vorher, in heidnischer Zeit, mit naturreligiösen Handlungen ungewöhnlichen Naturereignissen begegnet, so wurden nun Sonnenfinsternisse, Mondfinsternisse, Kometen und Sternschnuppen, Seuchen und Missernten, Überschwemmungen und Hungersnöte als göttliche Zeichen für einen bevorstehenden Weltuntergang gedeutet. Besonders an der Wende zum Jahr 1000 wurde die Weltuntergangsstimmung zur Massenpsychose.

Der Klerus hatte daran seinen entscheidenden Anteil, konnte man so doch die bestehenden gesellschaftlichen Verhältnisse als „von Gott gewollt“ verkaufen. Wie Chronisten berichten, wurde besonders in den letzten Tagen des ausgehenden 1. nachchristlichen Jahrtausends viel Eigentum verschleudert, um die letzten Tage in ausschweifendem Lebensstil verbringen zu können. Nutznießer war oftmals die Kirche, die derart fast beschenkt, zu neuem Eigentum kam. Welche Analogien zum Ende des 2. Jahrtausends, nur dass da die meisten Menschen, auf Grund ihres Bildungshintergrundes, nicht an diese Apokalypse glaubten.

Es ist wohl auch der Unwissenheit des Volkes zuzuschreiben, dass der christliche Glaube da nicht in Zweifel gezogen wurde. Die Depression muss gewaltig gewesen sein. Es folgte eine beispiellose Angstkampagne, in der von zeitlich unbegrenzten Höllenqualen im ewigen Fegefeuer gepredigt wurde. Um diesen „bösen Mächten“ zu entkommen wurde von der Kirche die ewige Seligkeit angeboten, natürlich käuflich zu erwerben.

Im Harz waren dabei insbesondere die Bischöfe von Halberstadt, Hildesheim und Magdeburg die Protagonisten. Aber auch die Harzer Grafenfamilien fochten erbitterte Kämpfe um Macht, Einfluss und um Besitzungen aus. Leidtragender in dieser Gewaltpolitik war natürlich das einfache Volk. In dieser dunklen Zeit regierte das sprichwörtliche Schwert und wer keines besaß und sich nicht zu erwehren wusste, war arm dran.

Spätestens seit dem Jahr 1037 gab sich der hiesige Adel auch Familiennamen. Aufgrund der Einführung der Erblichkeit von Lehen konnte er so seine Erbansprüche besser geltend machen. Zu den führenden Adelsgeschlechtern jener Zeit in der Harzregion entwickelten sich die Askanier, die Mansfelder und die Northeimer. Es folgten die Wernigeröder, die Blankenburger, die Hohnsteiner und die Stolberger, um nur einige zu nennen.
Eines der düstersten Kapitel dieser Zeit waren wohl die Kreuzzüge. Jeder Provinzfürst hatte sein Kontingent an Rittern und Landsknechten zu erbringen,

alles zum Wohl des Christentums und besonders natürlich der Kirche. Wie viele Opfer diese Kreuzzüge unter der Harzer Bevölkerung gekostet haben, darüber können wir nur spekulieren. Hatten aber zu jener Zeit Frauen ihren Mann verloren und Kinder ihren Vater, so drohten Leibeigenschaft und sogar der Hungertod.

Und auch der Fernhandel wurde in Mitleidenschaft gezogen, wofür wohl die eintretende Zersplitterung des Heiligen Römischen Reiches, die Unsicherheit auf den Handelsstraßen und die allerorts erhobenen Wegezölle einen entscheidenden Beitrag lieferten. Erst zum Ende der Kreuzzüge kam der Fernhandel wieder in Aufwind.

Das Hochmittelalter war wohl seit Beginn der Zeitrechnung diejenige Epoche der Geschichte, in der das Recht des Stärkeren am Umfänglichsten galt. Aber es war auch der Beginn unserer Deutschen Nation. Und es ist der für das Jahr 1050 angesetzte Beginn der Mittelhochdeutschen Sprachstufe, eines Meilensteins in der Bildung der Identität unserer Nation.
Wir Harzer können mit Stolz auf unsere Geschichte blicken, insbesondere auch auf die des Hochmittelalters. Zu dieser Zeit fanden in der Harzregion Ereignisse statt, die nicht nur deutsche und somit auch europäische Bedeutung hatten, sondern rückblickend auch Ereignisse der Weltgeschichte waren. Dazu aber später mehr.

Frauen hatten in dieser Epoche keine Rechte, der Ehemann oder Herr hatte ihnen gegenüber unbegrenzte Züchtigungsrechte. Frauen waren zu Arbeitskräften sowie zum Kindergebären und -aufziehen degradiert. Auch bei der Partnerwahl hatten sie keine Mitsprache. Sie wurden zum Teil schon im Kindesalter versprochen, alles aus Macht-, Erbrechts- und Besitzgründen. Ehen waren nicht der Monogamie unterstellt. Das war auch in vorchristlicher Zeit nicht anders, nur damals sorgte die gesamte Sippe oder der Stamm für seinen Nachwuchs. So waren gesunde Frauen in dieser Zeit oftmals Mütter von zwanzig und mehr Kindern. Not, Krankheiten, Kriege und mangelhafte Hygiene sorgten allerdings dafür, dass nur wenige davon erwachsen wurden.

Das Volk lebte in Holz- und Lehmhütten, Steinbauten waren der Kirche und dem Adel vorbehalten. Man ernährte sich von gesammelten Naturalien sowie von angebautem Gemüse und Getreide, vom Fleisch der Haustiere und deren Produkten wie Butter, Eier und Käse. Und von Brot, das für alle da war. Wild war für die Herrschaft aus Kirche und Adel vorbehalten. Wilddieberei wurde sehr hart, oftmals mit dem Tode bestraft. Gleiches galt für die Fischerei in den Gewässern. Drakonische Strafen, bis hin zum Tod, wurden häufig verhängt. Ein Menschenleben hatte wenig Wert! Gegessen wurde mit den Fingern. Beim Volk gab es beim Essen nur Geschirr für die Getränke. Die Männer führten ein

Messer mit sich, das als Waffe, als Werkzeug und zum Essen benutzt wurde. Als Getränk wurde Wasser oder dünner Wein sowie dünnes Bier getrunken. Vergorene Getränke, also Getränke mit Alkohol, waren über das gesamte Mittelalter Bestandteil der Ernährung. Dabei spielte die anregende Wirkung des Alkohols nur eine Teilrolle. Wichtig war auch die antibakterielle Wirkung, denn das Wasser war oft sehr verunreinigt. Ungenießbares Essen sowie die Abfälle wurden einfach auf der Erde oder unter dem Tisch entsorgt und waren den zahlreichen Hunden sehr willkommen.

Die Kirche machte in jener Zeit die eigentliche Politik, denn sie hatte das Wissen und nutzte es weidlich aus. Selbst der einfache Adel hatte nicht unbedingt Kenntnisse im Lesen und Schreiben. Und die Kirche setzte der Philosophie und der Wissenschaft enge Grenzen. Schnell bestand die Gefahr, als Ketzer abgestempelt und auch verurteilt zu werden. Doch der Adel erstarkte zusehends und bot dem Klerus Widerstand. Aber auch für den Adel, die weltliche Macht im jungen Heiligen Römischen Reich Deutscher Nation, war Widerstand gegen den Klerus gefährlich, selbst für Könige und Kaiser, wie das Beispiel Heinrich IV. eindrucksvoll aufzeigt. Aber auch innerhalb des Klerus gab es ständige machtpolitische Spiele, die nicht selten in Fehden und Kriegen endeten.

Heinrich I. *(Geschlecht der Liudolfinger, Herrschaft 919 – 936)*

Über das was folgt, gibt es unzählige Sagen, Mythen und Legenden. Fakt ist, Heinrich, Sohn von Otto dem Erlauchten, wurde die Königskrone angetragen und der Sachse aus dem Geschlecht der Liudolfinger nahm die Wahl an. Der Ort dieser Überlieferung, an dem Heinrich bei der Vogeljagd die Königswürde angetragen bekam, ist geschichtlich nicht belegt, in den Sagen heißt es aber, am Finkenherd am Fuße des Quedlinburger Schlossberges. Daher bekam der im Jahr 876 geborene Heinrich auch den Beinahmen „der Finkler“.

Dies war eine machtpolitische Revolution – erstmals war die Königswürde nicht an einen Franken sondern an einen Sachsen übergegangen. Dass Heinrich davon überrascht wurde ist eine Mär, denn sicherlich haben die Sachsen, sein Geschlecht der Liudolfinger und auch er persönlich hart darum gekämpft. Geholfen hat wohl die inzwischen enge Verwandtschaftsbindung zwischen Karolingern und Liudolfingern.

Krönung König Heinrch I. - Glasmalerei 19. Jh.
(eigenes Archiv)

Heinrich hatte schon im Jahr 906, vor seiner Krönung, Hatheburg geheiratet – die Tochter des Grafen von Merseburg. Gegen diese Heirat intervenierte aber der Bischof von Halberstadt, da Hatheburg Nonne war. Heinrich annullierte seine Ehe daraufhin und heiratete im Jahr 909 Mathilde, aus dem Geschlecht der Immedinger, einer sächsischen Linie, die von Widukind abstammte. Heinrich I. bewies während seiner Herrschaft politisches Geschick und militärische Stärke. Er einte das ostfränkische Reich und verstand es auch, die Stämme der Bayern, Schwaben und Lothringer ins Reich zu integrieren. Diese Zustimmung zu seiner Herrschaft erkaufte er sich vorrangig durch zugestandenen Machtzuwachs der Herzöge. Wie schon vor ihm die Franken sächsische und thüringische Güter als Lehen vergaben, vergab auch Heinrich karolingische Güter. So ließ er den Reichsherzögen Macht zukommen, die jenen eigentlich nicht zustand, machte sie damit aber gefügig. Auch schaffte es Heinrich I. dadurch geschickt, dass alle Reichstagsmitglieder seinen Sohn Otto als seinen Nachfolger akzeptierten. Der Preis dafür war, dass die Herzöge, aber auch kirchliche Würdenträger, die ihnen verliehenen Güter und Würden als ihr Eigentum zu betrachten begannen. Bleibenden Ruhm erntete Heinrich auch durch Kämpfe gegen die einfallenden Ungarnheere, die er endgültig im Jahr 933 in der Schlacht bei Riade an der Unstrut schlug. Diese Kriege brachten Heinrich große Anerkennung und viel Respekt beim Hochadel ein und festigten das Reichsgefüge nachhaltig, da alle deutschen Stämme daran beteiligt waren. Diese Zeitspanne der Ungarnkriege kann durchaus als „Gründungszeit" des Deutschen Reiches gelten, denn sie war das entscheidende Ereignis zur Festigung des Reiches in Heinrichs Herrschaftszeit. Im Jahr 936 starb König Heinrich I. in seiner Pfalz in Memleben. Er hatte diese Pfalz zwar nicht errichtet, ihr aber zu ihrer Bedeutung verholfen. So wie Heinrich auch mit seiner Burgenbauordnung aus dem Jahr 926, als Schutz gegen die Ungarn, zahlreiche weitere Burgen und Pfalzen in der Harzregion errichten ließ. Heinrichs Leichnam wurde nach Quedlinburg überführt und in dem Vorgängerbau der Stiftskirche auf dem Schlossberg beigesetzt. Heinrich machte zu Lebzeiten Quedlinburg zur Königspfalz, erstmals genannt im Jahr 922 und zu einem Zentrum des ostfränkischen Reiches. Auch wenn er nach dem Ende der Ungarnkriege weite Reisen unternahm (die Königstrosse der damaligen Zeit waren fast ständig in ihrem Reich unterwegs), so schien seine Vorliebe doch der Heimatregion Harz zu gehören.

König Heinrich I. und die Ungarnkriege

Es war im Jahr 919 und der ostfränkische König Konrad I. hatte arge Probleme. Sein Reich wurde fortlaufend von Normannen, Slawen und Ungarn angegriffen. Und er konnte sich dieser Angriffe nicht so recht erwehren, denn die deutschen Stammesfürsten standen nicht hinter ihm. Doch der Franke Konrad war ein kluger König und ein verantwortungsvoller dazu. Ihm war klar, dass die Feinde des Deutschen Reiches nur aufgehalten werden konnten, wenn ein starker König die Macht übernahm. Und so schlug er den mächtigen Sachsenfürsten Heinrich, aus dem Geschlecht der Liudolfinger, als seinen Nachfolger vor.

Der Sage nach soll Konrads Bruder sich aufgemacht haben, um dem im Harzvorland residierenden Sachsen Heinrich die Königsinsignien, Krone und Schwert, zu überbringen. Und tatsächlich, im Mai 919 wählten die Fürsten der Sachsen und Franken Heinrich zum König.

Ein bedeutendes Ereignis, wenn man bedenkt, dass die Sachsen erst etwa hundert Jahre zuvor unterworfen und christianisiert worden waren.

König Heinrich I. – der Burgenbauer
Zeichnung von Lisa Berg

Das Zentrum des neuen deutschen Reiches lag nun im Norden, im Harzvorland. Ein junges, unerfahrenes aber starkes und ehrgeiziges Geschlecht hatte die Herrschaft übernommen. König Heinrich I. jedoch blieb nicht viel Zeit, seinen unerwarteten Aufstieg zu feiern. Die Ungarn standen an den Grenzen des Reiches und drangen zwischen den Jahren 919 und 924 immer wieder raubend und mordend tief ins Reich ein. Aber der junge König konnte noch keine Gegenwehr leisten. Dann allerdings gaben die Ungarn zwei Jahre Ruhe, um dann 926 noch massiver als zuvor ins Reich einzudringen. Die königlichen

Truppen hatten den wendigen Ungarn auf ihren kleinen, schnellen Pferden und mit ihren gefürchteten Langbogen wenig entgegenzusetzen.
Die Ungarn waren aus Richtung Halle gekommen und am Harz entlang Richtung Halberstadt gezogen. Raubend, plündernd, mordend und brandschatzend hinterließen sie eine Spur der Vernichtung. Feuer und Rauch sollen ihren Weg gekennzeichnet haben.

Der König und seine sächsischen Truppen hatten sich, am Großen Graben entlang, auf die Königspfalz Werla zurückgezogen. Als die Ungarn die riesige zirka 25 Hektar große Burganlage sahen, waren sie sicherlich beeindruckt. Dann wagten die Sachsen einen Ausfall, womit sie die Ungarn in das sumpfige Hinterland des großen Bruchs und seiner Ausläufer drängten, die dort mit ihren Pferden in Schwierigkeiten gerieten. Den Sachsen gelang dabei die Gefangennahme eines einflussreichen ungarischen Fürsten, der anschließend mit einem reichen Gold- und Silberschatz freigekauft werden sollte.

Aber König Heinrich war ein weit blickender Herrscher und verzichtete auf den Schatz, forderte für die Freigabe des Fürsten jedoch einen neunjährigen Waffenstillstand. Die Ungarn nahmen diesen Handel an, forderten allerdings einen jährlichen Tribut, der ihnen bewilligt wurde.

Ein wahrlich strategischer Handel von König Heinrich. Und er begann umgehend diese „Galgenfrist" zu nutzen, um sich auf das, was danach zu erwarten war, vorzubereiten. Heinrich I. erließ die Burgenbauordnung und begann seine Ostgrenze entlang der Elbe und Saale zu befestigen. Unablässig verstärkte er die vorhandenen Befestigungen und baute neue Burgen. Diese legte er strategisch an und stattete sie so aus, dass sie als Sammelplätze für seine Truppen dienen konnten. Und auch die Bischofssitze ließ er zu Festungen ausbauen. Für sein schutzloses Volk in den Dörfern schuf er sichere Zufluchtsorte.

Aber der König musste erkennen, dass man allein mit Befehlen seine Ideale und Strategien nicht populär machen konnte. Das Volk musste zwar die Arbeiten leisten, sah die Frondienste für den König aber eher skeptisch und mit Zurückhaltung. Zu oft hatte es zuvor Burgen und Befestigungen erbauen müssen, die anschließend gegen das Volk verwendet wurden.

Aber wieder agierte der König weitsichtig. Er ließ die Befestigungsanlagen für die an ein Leben ohne Mauern gewöhnte Bevölkerung öffnen. Feste, Märkte und auch Staatsrituale, wie Gerichtstage und Versammlungen, ließ er hinter die geöffneten Mauern verlegen und nahm so dem Volk die Angst. Die freiheitsliebenden Sachsen erkannten auch den Nutzen der Mauern und nahmen Heinrichs Verteidigungsstrategie an. Aber allein damit war die Verteidigungsstrategie noch nicht umzusetzen. Der König brauchte für seine Streitkräfte auch Soldaten, Verpflegung und Ausrüstungen. Es folgte ein Erlass, dass jeder neunte Mann in eine Burg einzuziehen und dort für die acht anderen Männer außerhalb der Mauern Vorsorge zu treffen hatte. Dafür jedoch hatten diese acht Gefolgsleute das Feld (besser: die Felder) ihres dienstverpflichteten Kollegen zu bewirtschaften und von der gesamten Ernte den dritten Teil abzugeben. Dieser wurde als Notfallreserve in den Speichern der Burg eingelagert. Eine drakonische Maßnahme in Zeiten, in denen die Familien häufig selbst nicht genug hatten, um ihren eigenen Hunger zu stillen. Widukind von Corvey benennt im 10. Jahrhundert im 35. Kapitel seiner „Sachsengeschichte“ die eben genannten Männer als „bäuerliche Krieger“, „milites agrarii“; wir würden sagen „Wehrbauern“. Die acht Männer wurden mit dem Wort „confamiliarii“, also „Genossen“, benannt.

Aber es zog nun Ruhe und Frieden ein, was für das frühe Hochmittelalter eher ungewöhnlich war. Das Volk lernte die Vorzüge schnell zu schätzen, die ein Leben im Schutze einer Burg brachte.

Damit waren die gravierenden Veränderungen im Leben der Bevölkerung aber noch nicht abgeschlossen. Der weit blickende König hatte auch erkannt, dass die wenigen ausgebildeten Wehrbauern dem Feind kein paroli bieten konnten. Und das bis dahin übliche Fußvolk aus der Bauernschaft, bewaffnet mit bäuerlichem Arbeitsgerät und ausstaffiert mit Tunika und Stroh- oder Wollhut, war auch wenig geeignet, um die kriegerisch geschulten Ostvölker aufzuhalten.

So machte der König freie, sächsische Bauern zu Reiterkriegern, indem er ihnen Rüstungen, Schwerter und Lanzen gab, sie üben und trainieren ließ. Diese kurzfristige Heeresreform von Heinrich I. forderte vom Bauerntum sicherlich Schweiß und Blut. Aber es gelang ihm eine schwere sächsische Reiterei aufzubauen.

Die Wehrpflicht für die Bauernjungen begann mit dreizehn Jahren und über fünfundzwanzigjährige Männer sollen davon befreit gewesen sein. Zu schwer fiel es jenen das Waffenhandwerk noch anzunehmen. Die besten der Rekruten wurden in den königlichen Dienst übernommen und Berufssoldaten. Diese wurden in wichtigen Verteidigungsanlagen stationiert und hatten nur eine Aufgabe: ihr Kriegshandwerk zu vervollkommnen, die Burgen bestmöglich zu sichern und Wehrpflichtige auszubilden.

Aber auch andere ungewöhnliche Maßnahmen veranlasste der König. So soll in Merseburg eine Strafeinheit stationiert gewesen sein, die aus verurteilten Mördern, Räubern und anderen Schwerverbrechern bestanden haben soll. Denen soll bei erwiesener Tapferkeit eine Begnadigung versprochen worden sein.

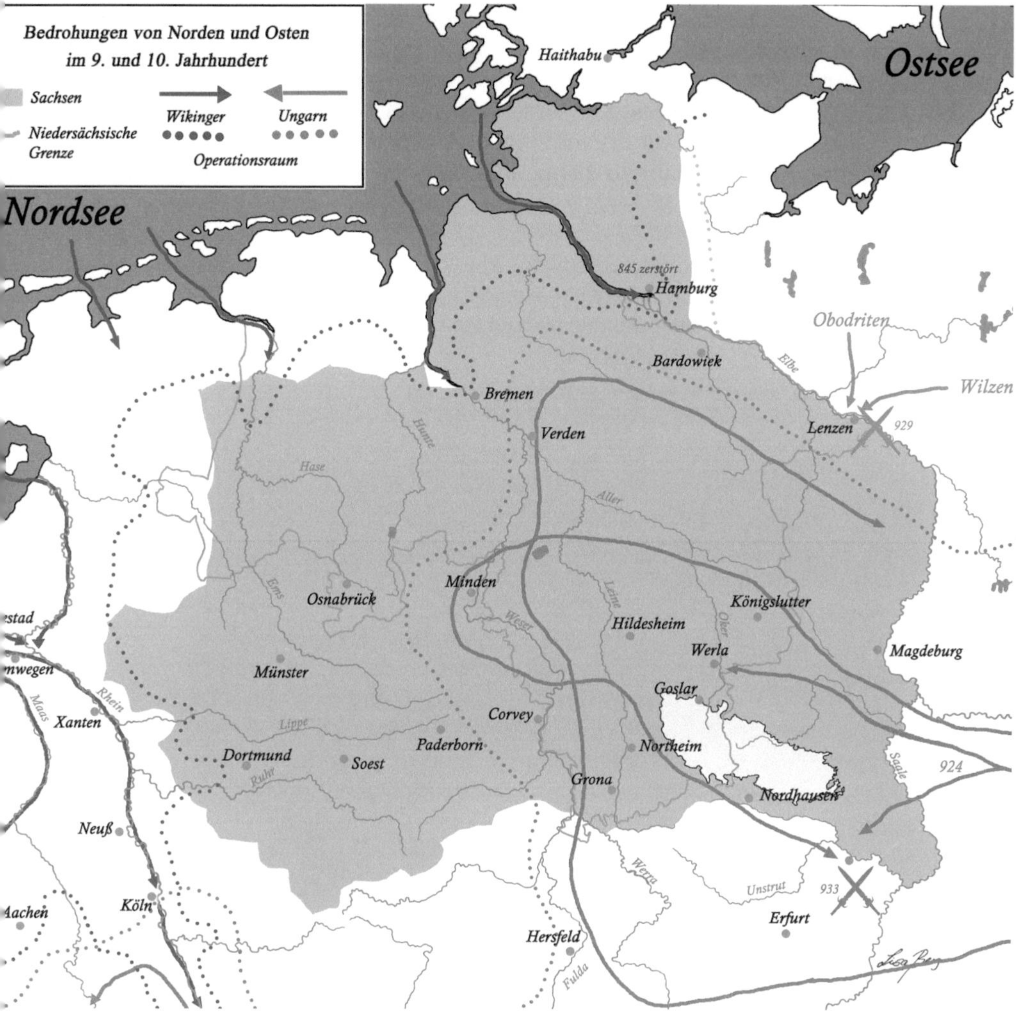

Jedes Jahr im Herbst, nach der Ernte, sandten die Ungarn eine Abordnung zu Heinrich I. um ihren Tribut einzufordern. Es kam das Jahr 932 und wieder das gleiche Prozedere wie die Jahre zuvor. Nur war diesmal alles anders. Der König weigerte sich den Tribut zu zahlen und kündigte den Waffenstillstand drei Jahre früher auf. Er fühlte sich stark genug, den Ungarn in einer Entscheidungsschlacht ihre Grenzen aufzuzeigen. Diese Aufkündigung des Friedens war zuvor in einer Reichs-, Volks- und Heeresversammlung beschlossen worden. Das junge Deutsche Reich war sich einig, sich der ungarischen Bedrohung endgültig zu entledigen.

Im Februar des Jahres 933 kamen sie dann, die ungarischen Heerscharen, um sich zu holen, was ihnen ihrer Meinung nach zustand. Zwischen Werra und Unstrut trafen sie dann auf das vereinigte Stammesheer des deutschen Königs. Und sie waren erstaunt und überrascht von der Kampfeskraft, der Organisation und dem Mut der deutschen Truppen. Besiegt werden konnten die Ungarn zwar nicht, ihnen blieb aber nur die Flucht auf ihren schnellen Pferden.

Maiestas Domini - Stifterbild aus der Gruppe der Magdeburger Elfenbeinplatten. Otto I. übergibt den Dom an Christus. Oberitalien (Mailand?), zwischen 962 und 973, New York, The Metropolitan Museum of Art
(eignes Archiv)

Es war ein historische Ereignis, dieser erste Sieg des vereinigten Deutschen Reiches, denn zum ersten Mal hatten alle Stämme zusammengestanden für eine gemeinsame Sache. Das stärkte natürlich König Heinrich I. sowie das noch junge Reich ungemein. Ein Endsieg gegen die Ungarn war zwar noch nicht errungen, aber in Heinrichs Regierungszeit kamen die Ungarn nicht wieder zurück.

Otto I. *(Geschlecht der Liudolfinger, Herrschaft 936 – 973)*

Heinrichs Sohn Otto, der im Jahr 912 in der Pfalz Wallhausen geboren wurde, trat unmittelbar nach dem Tod seines Vaters dessen Erbe an. Ab 936 war er Herzog von Sachsen und König des ostfränkischen Reiches. Otto I., der als Otto der Große in die Annalen eingegangen ist, gilt als Begründer des deutschen Herrschergeschlechts der Ottonen. Ab seiner Krönung zum Kaiser im Jahr 962 wird dieses ehemals Liudolfinger genannte sächsische Adelsgeschlecht als das der Ottonen bezeichnet. Da Otto I. eine sehr lange Herrschaft von fast siebenunddreißig Jahren innehatte, konnte er das Reich nach seinen Vorstellungen formen.

Unmittelbar nach seiner Thronbesteigung orderte Otto als eine der ersten Amtshandlungen das Witwengut für seine Mutter Mathilde in Quedlinburg und bestimmte diesen Ort als Memoria für sein Geschlecht. Das machte Quedlinburg zum wichtigsten Ort im sächsischen Kernland und zu einem der bedeutendsten im ganzen Reich. Aber besonders am Anfang seiner Herrschaft hatte sich Otto einiger Gegner zu erwehren. Das wird darauf zurückgeführt, dass Otto bei der Neubesetzung von wichtigen Ämtern die traditionelle Rangordnung missachtete. So besetzte er den Posten des Heerführers mit Hermann Billung statt mit dessen älterem Bruder Graf Wichmann. Hermann, der schnell seine Eignung unter Beweis stellte, war absolut loyal zum König und machte sich unverzichtbar. Teilweise war Hermann Billung Ottos Stellvertreter. Als im Jahr 937 Graf Siegfried von Merseburg starb, erhob Ottos Halbbruder Thankmar Anspruch auf die Grafschaft, König Otto schenkte sie aber Siegfrieds Bruder Gero. Wieder hatte er gegen die Rangordnung verstoßen, die sich seit der Zeit der Franken eingestellt hatte. Es kam zunehmend nicht mehr auf Geburt und Rangordnung an, sondern auf Loyalität und Fähigkeiten. Otto setzte diesbezüglich ein Zeichen, das ihm nicht nur Freunde einbrachte. Aber er wird seine Gründe gehabt haben, denn Thietmar von Merseburg, Siegfrieds und Geros Vater, war Erzieher seines Vaters Heinrich und auch sein eigener Erzieher gewesen, Siegfried war außerdem einer der Großen unter Vater Heinrich. Diese brüskierende Politik seitens Otto I. führte von 937 bis 941 zu einem Reichsaufstand gegen ihn. Rädelsführer war Ottos Bruder Heinrich, der am Osterfest 941 die Ermordung seines Bruders Otto auf der Königspfalz Quedlinburg, am Grab ihres gemeinsamen Vaters Heinrich, plante. Aber der Plan wurde wohl verraten und scheiterte kläglich, die Widersacher wurden festgenommen, hingerichtet oder unterwarfen sich dem König. Ottos Bruder Heinrich konnte zwar entkommen, unterwarf sich später aber auch. Markgraf Gero war in der Zwischenzeit voller Tatendrang. Nicht nur, dass er die ständig eindringenden Slawen von den Reichsgrenzen fernhielt, er eroberte auch das Gebiet bis zur Oder. Durch seine Politik der harten Hand im Osten sowie durch die erbitterten Kriege gegen Slawen und Sorben wurde er

zu einem der mächtigsten und wohlhabendsten Männer im Reich. Dann aber starben seine beiden Söhne Siegfried und Gero und er gründete zur Absicherung seiner Schwiegertochter Hathui das Damenstift St.Cyriakus in Gernrode, das im Jahr 961 erstmals erwähnt wurde. Auch stattete Gero das Stift mit umfangreichen Gütern aus. So gehörten im Jahr 964 unter anderem 76 Ortschaften zum Besitz, darunter auch die alte fränkische (vermutlich römische) Siedlung Waldau bei Bernburg. Der Chronist Widukind von Corvey berichtet von einer List, mit der Gero dreißig slawische Fürsten bei einem Gastmahl ermorden ließ und so die Gegenwehr der Slawen brach. Eine Sage legt dieses Ereignis in das Stift in Gernrode. Markgraf Gero starb 965 und wurde in der Stiftskirche Gernrode beigesetzt.
Nach der Niederschlagung des Adelsaufstandes regierte Otto I. uneingeschränkt. Bereits im Jahr 924 war mit dem Tod Berengars I. das westfränkische Kaisertum erloschen. Otto hatte aber in den ersten Jahren seines Königtums anscheinend wenig Interesse, sich mit dem westlichen Teil des fränkischen Reiches zu schmücken. Solange seine Gemahlin Königin Editha von England lebte, beschränkte er sich in seinem Handeln auf das ostfränkische Reich. Nach dem Tod Edithas im Jahr 946, die Königin wurde im Magdeburger Dom begraben, begann er seine Nachfolge zu regeln und bestimmte dazu seinen ältesten Sohn Liudolf. Dann wurde die italienische Königin Adelheid Witwe und Otto, der über seinen Sohn mit ihr verwandt war, hegte Interesse an der jungen Königin samt Königreich. Da Adelheid aber in Canossa gefangen gehalten wurde, ergab sich im Jahr 951 die Notwendigkeit eines Feldzuges nach Italien. Dieser verlief aber ohne Gegenwehr, Otto befreite Adelheid und vermählte sich im gleichen Jahr mit ihr. Gleichzeitig übernahm er die italienische Königswürde. Nach dieser Vermählung kam es zu einem Zerwürfnis zwischen Otto und seinem Sohn Liudolf, seinem designierten Nachfolger. Liudolf plante einen Aufstand gegen seinen Vater, den König, in dem er aber unterlag und sich demütig unterwerfen musste.

Zur gleichen Zeit zogen erneut ungarische Heerscharen durch Ottos Reich. Dieser sammelte ein Heer und brachte im Jahr 955 in der Schlacht auf dem Lechfeld den Ungarn eine vernichtende Niederlage bei. Damit war die Macht durch Otto wieder hergestellt, er war unangefochten. Otto führte seinen großartigen Sieg auf die Gnade Gottes zurück. Das veranlasste ihn, ein Reichskirchensystem zu planen, in dem Magdeburg als neuer Sitz eines Erzbistums vorgesehen war. Als Otto im Jahr 961 einen zweiten Italienfeldzug plante, weil ihn der Papst zuvor um Hilfe ersucht hatte, regelte er seine Nachfolge. Liudolf war inzwischen verstorben und seine zwei kleinen Söhne aus zweiter Ehe auch. So wurde sein siebenjähriger Sohn Otto zum Nachfolger erkoren und zum Mitkönig erhoben. Im August des Jahres 961 zog Otto mit seinem Heer über die Alpen. Da ihm kaum Widerstand entgegengebracht wurde, gelangte er ohne Unterbrechung bis nach Rom. Als Dank für seine Hilfe, krönte ihn

Papst Johannes XII. im Jahr 962 zum Kaiser und seine Gemahlin Adelheid zur Kaiserin. Auch erhob der Papst das Moritzkloster Magdeburg zum Erzbistum um die Pläne Ottos zu unterstützen. In den folgenden Jahren gab es einige Schwierigkeiten für Kaiser Otto I. mit dem Papsttum in Rom, weil ihm dessen Macht zu groß geworden war, aber Otto ging aus allen Streitigkeiten als Sieger hervor. Zu Ostern des Jahres 973 feierte Otto I. auf dem Höhepunkt seiner Macht das Osterfest in der Pfalz Quedlinburg, wobei Gesandte aus ganz Europa anwesend waren. Dann begab er sich in seine Pfalz nach Memleben, wo er wie schon sein Vater Heinrich verstarb. Bestattet wurde Otto der Große wunschgemäß im Magdeburger Dom.

Markgraf Gero und seine verwandtschaftlichen Beziehungen zum Königshaus der Liudolfinger

Markgraf Gero, auch genannt Gero I. Markgraf der Ostmark, war eine der schillerndsten Persönlichkeiten in der ersten Hälfte des 10. Jahrhunderts. Daher habe ich mich bemüht, seine Abstammung, über die es viele Unstimmigkeiten gibt, so exakt wie möglich nachzuzeichnen.

Markgraf Geros erster Ahne, der sich nachweisen lässt, war sein Großvater Asig von der Ostmark, Graf im Nordthüringengau. Geboren wurde Asig um das Jahr 820. Weitere belegbare Daten zu ihm sind nicht zu erbringen. Meine Vermutung ist aber, das jener Asig ein Vertreter der Odonen und somit fränkischer Abstammung war, siehe auch meinen Beitrag „Die spätantike und frühmittelalterliche Entwicklung des alten Herzogtuns Sachsen in der Nordharzregion bis zur Zeit der Ottonen – von Franken, Billingern und Liudolfingern". Das ist aber nur eine begründbare Vermutung von mir und wissenschaftlich nicht zu belegen. Zur Vereinfachung nenne ich dieses Geschlecht nach seinem Begründer „Asiglinger".

Jener Graf Asig hatte vermutlich vier Söhne: Gero, Asig, Wigger und Thietmar. Von Gero, Asig und Wigger sind keine gesicherten Informationen überliefert. Graf Asig hatte auch eine Tochter namens Adelbrin, die um 852 geboren sein soll und als Stifterin des Klosters Drübeck gilt. Thietmar war anscheinend das jüngste Kind des Asig und wurde um 855 geboren. Er wurde Graf im Nordthüringengau sowie Erzieher und Lehrer des späteren Königs Heinrich I.

Graf Thietmar I. von der Ostmark war verheiratet mit Hiltigart. Sie war die Schwester der namentlich nicht bekannten Gemahlin des Grafen Erwin von Merseburg. Somit waren Graf Thietmar und Graf Erwin Schwäger. Der Umstand, dass Graf Thietmar Heinrichs Erzieher und der Schwager von Graf Erwin war, dürfte sicherlich eine Bedeutung für die Wahl von Heinrichs erster Gemahlin Hatheburg gehabt haben, denn sie war Graf Erwins Tochter. Somit war durch diese Heirat Sachsenherzog Heinrich der Großneffe von Graf Thietmar geworden. Die Ehe, aus der Sohn Thankmar hervorging, wurde von der Kirche abgelehnt, da Hatheburg nach einer vorherigen Ehe bereits Nonne geworden war. Herzog Heinrichs vormaliger Erzieher und späterer Berater Thietmar unternahm dann im Jahr 909 die Brautwerbungsfahrt für Heinrichs zweite Gemahlin Mathilde, eine Nachfahrin von Sachsenherzog Widukind. In den Kämpfen zwischen Herzog Heinrich von Sachsen und König Konrad I. entschied Thietmar vor Grone die Schlacht zugunsten des Herzogs. In der Schlacht bei Lenzen gegen die Redarier, war er im Jahr 924 dem Legaten rnhard als Heerführer beigeordnet.

Rekonstruktionsversuch von Burg Geronisroth und Stiftskirche zu Zeiten Ottos I.
Lisa Berg

Aus der Teilnahme an diesem Kampf kann man schließen, dass er in den Elbgebieten eine Grafenstellung innehatte, wahrscheinlich im Nordthüringen- und im Harzgau.

Graf Thietmar I., der 932 oder 937 starb, hatte drei Kinder: die Söhne Siegfried und Gero sowie Tochter Hidda. Siegfried, der Älteste, wurde 895 geboren. Siegfried I. wurde Graf von Merseburg und war in erster Ehe verheiratet mit Irmburg von Sachsen, Tochter von Otto dem Erlauchten, Vater von Heinrich I. Seine zweite Gemahlin war Guthia von Sachsen, Tochter des Liudolf von Sachsen, Bruder von König Heinrich I. Erneut hatte somit ein Asiglinger gleich zweimal in das Geschlecht der Liudolfinger eingeheiratet. Auch kann die Grafschaft Merseburg eigentlich nur über die Liudolfinger an Siegfried gekommen sein. Markgraf Siegfried I. gilt auch als Stifter des Klosters Gröningen /Bode, er starb im Jahr 937. Aus seiner ersten Ehe mit Irmburg stammen die Nachkommen Wigger I. von Zeitz und „N. von Merseburg", aus der zweiten Ehe stammen ebenfalls zwei Kinder, deren Namen mir nicht bekannt sind.

Graf Thietmars Tochter Hidda, Markgraf Geros Schwester, wurde 905 geboren. Hidda von der Ostmark war mit Christian von Serimunt verheiratet. Der wurde um 880 geboren, war Graf im Nordthüringengau sowie im Schwabengau und stammte wahrscheinlich aus dem Geschlecht der Billunger. Als Nachkommen des Paares gelten Gero von Köln und Markgraf Thietmar von Meißen. Bei Gero von Köln gibt es in der Literatur erhebliche Widersprüche, die starke Zweifel an der Abstammung von Gero aufkommen lassen. So wird für ihn das Geburtsjahr 900 angegeben, seine angebliche Mutter Hidda wurde aber erst 905 geboren.

Der dritte im Bunde der Kinder von Graf Thietmar war Gero. Er wurde um 897 geboren. Da sein Vater zunächst Erzieher von Heinrich I. und nach dessen Königskrönung sein Berater war, kann davon ausgegangen werden, dass die Familie Thietmars zum Teil mit am Königshof (im Königstross) lebte und somit auch Gero Zugang zum König hatte. Auch dürfte Gero Heinrichs Sohn Otto I. von Kindesbeinen an gut gekannt haben. Auf diesen Umstand ist es sicherlich zurückzuführen, dass Gero schon kurz nach dem Regierungsantritt von Otto I. im Jahr 936 mit umfangreichen und bedeutenden Ämtern betraut wurde.

Nach dem Herrschaftsantritt Heinrich I. (Heinrich der Burgenbauer) wurden zahlreiche Burgen errichtet. Sein Sohn und Nachfolger Otto I. setzte diese Strategie der Errichtung von Schutz- und Befestigungsbauten fort. Eine der Burgen, die vermutlich in dieser Zeit des frühen 10. Jahrhunderts entstanden, war wohl die Gersdorfer Burg. Vermutet wird auch, dass diese die Stammburg von Graf Thietmar und später die seines Sohnes Gero war. Diese Vermutung stützt sich auch darauf, dass Thietmars Schwiegersohn wahrscheinlich aus

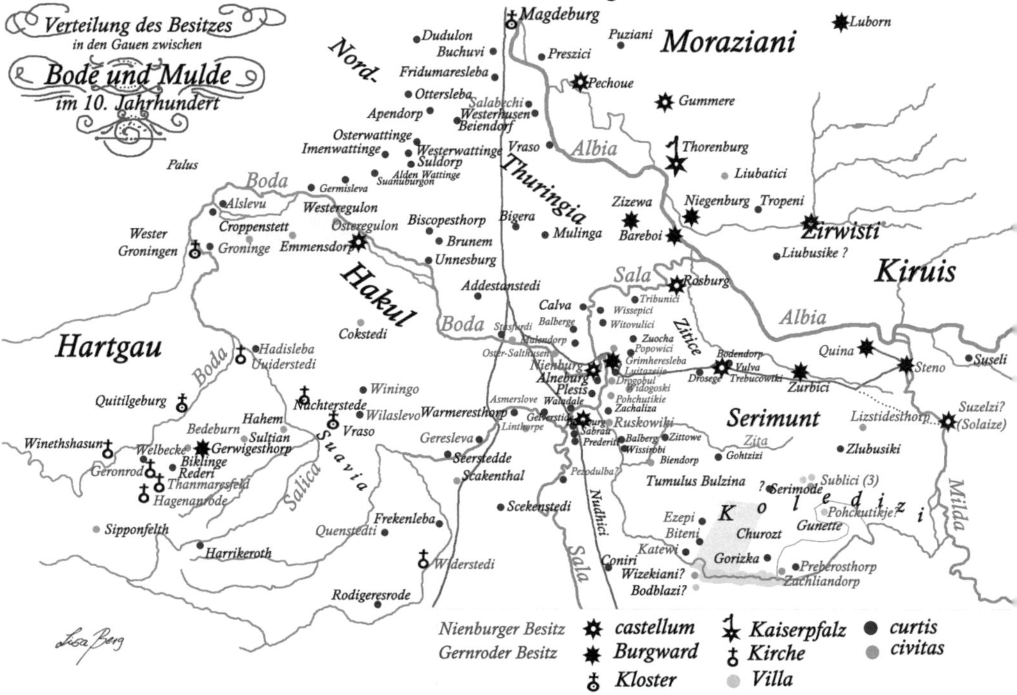

dem Geschlecht der ostsächsischen Billunger stammte, die in der Quedlinburger Region umfangreiche Besitztümer besaßen. Nachdem bereits die Liudolfinger familiäre Bande zu den Billungern hatten, waren diese nun auch bei den Asiglingern entstanden. Sicher verbrieft dagegen ist, dass im Jahr 961 eine „villa Gerwigesthorp" im Hessengau erstmals genannt wurde.

König Otto I., der Große, übertrug also dem Grafen Gero die Ostmark an der Saale und der mittleren Elbe. Bereits im Jahr 939 betraute Otto ihn mit der Kriegsführung gegen die Elbslawen. Gero unterwarf die Slawen mit einer Politik der Härte bis hin zur Oder. Er spielte die bedeutendste Rolle in der expansiven Politik an der Ostflanke des ostfränkisch-deutschen Reiches in der Zeit der frühen Ottonen und wurde als erste und einzige Person Markgraf der Sächsischen Ostmark. Markgraf Gero war einer der einflussreichsten Großen unter Kaiser Otto I.

Verheiratet war Gero mit „Juditta N.". Das Paar hatte zwei Söhne: Siegfried und Gero. Jener Markgraf Gero besaß bei Gernrode eine Burg Geronisroth, neben der er nach dem frühen Tod seiner beiden Söhne das Damenstift St. Cyriakus Gernrode gründete. Es war als Versorgungseinrichtung für seine junge Schwiegertochter Hathui gedacht. Hathui war die Tochter des Billungers Wichmann der Ältere und sie war die Nichte von Königin Mathilde und somit auch von König Otto I..

Damit sind die engen verwandtschaftlichen Beziehungen zwischen Liudolfingern, Asiglingern und Billungern zweifelsfrei genealogisch belegt.

Otto II. *(Geschlecht der Liudolfinger, Herrschaft 961 – 983)*

Kaiser Ottos Sohn Otto II. wurde im Jahr 955 geboren. Dessen Nachfolge war mit der Krönung zum Mitkönig im Jahr 961 sowie zum Mitkaiser im Jahr 967 bereits geklärt. Somit konnte Otto II. mit achtzehn Jahren seine Alleinherrschaft als Kaiser antreten. Ganz unerfahren war der junge Kaiser aber nicht, denn er wurde von Kindesbeinen an für diese Aufgabe erzogen; da sein Vater häufig, insbesondere in Italien, auf Kriegszügen war, musste Otto II. schon früh Verantwortung übernehmen. Otto II. hatte gegenüber seinem Vater den Vorteil, dass er keinen Bruder hatte, der ihm die Herrschaft streitig machen konnte. Otto hatte sich mit der byzantinischen Prinzessin Theophanu vermählt, was ihm beim Hochadel nicht ungeteilte Zustimmung einbrachte. Dies war wohl für Otto ein Aspekt, sich in den ersten Jahren seiner Herrschaft einer Neuordnung der Besitzansprüche der Frauen des Hofes zu widmen. So erhielt seine Gemahlin unter anderem einen Königshof in Mühlhausen, auch seine Schwester Mathilde von Quedlinburg und seine Mutter Kaiserin Adelheid erhielten reiche Güter. In den nachfolgenden Jahren kam es zu handfesten Streitigkeiten und Zerwürfnissen innerhalb der Familie, insbesondere mit seinem Vetter Herzog Heinrich II. von Bayern sowie mit seiner Mutter Adelheid, die dem Königshof den Rücken kehrte. Die Aufstände, die von Herzog Heinrich II. (der Zänker) organisiert wurden, zogen sich über einige Jahre hin und kosteten Otto viel Kraft. Zu Ostern des Jahres 978 befahl er alle Aufständischen zum Hoftag nach Quedlinburg und beendete dort die Konflikte mit harter Hand. Im Jahre 980 brachte Theophanu, nach drei Töchtern, den Thronfolger Otto III. zur Welt. Nachdem im Jahr 981 Erzbischof Adalbert von Magdeburg gestorben war, erhob Otto einen seiner wichtigsten Berater, Bischof Giselher von Merseburg, zu dessen Nachfolger. Das Bistum Merseburg löste er auf und verteilte dessen Güter auf die Bistümer Halberstadt, Zeitz und Meißen. Otto II. war anscheinend überzeugter Christ und bei allem, was er tat, bedacht auf sein Seelenheil. So nahmen Klöster, Mönchtum und Kirchen in seiner Herrschaft eine bedeutende Rolle ein. Unter anderen gründete er in Memleben eine Benediktinerabtei und stattete diese mit reichen Gütern aus.

Im Jahr 982 kam es in Süditalien, Otto war wie sein Vater Kaiser der Römer, zu einer Schlacht mit den Sarazenen, die Otto schmachvoll verlor und nur mit Mühe sein Leben retten konnte. Diese Niederlage Ottos, keiner seiner Vorgänger hatte je eine derartige Niederlage erlitten, verursachte eine Krise im Reich, die der Kaiser nur durch zahlreiche Zugeständnisse an die Großen des Reiches im Zaum halten konnte. Mit diesem Machtzuwachs der Fürstenopposition erkaufte sich Otto im Jahr 983 die Wahl seines erst dreijährigen Sohnes Otto III. zum Mitkönig. Noch im selben Jahr erhoben sich die Slawen östlich der Elbe und vernichteten das Bistum Oldenburg in Holstein und zerstörten Hamburg. Erzbischof Giselher von Magdeburg und Bischof Hildewart von Halberstadt gelang es dann, in der Schlacht am Tanger den Vorstoß der Slawen auf Magdeburg zu verhindern. Die von Otto I. eroberten ostelbischen Gebiete waren aber für über ein Jahrhundert an die Slawen verloren und so auch der Christianisierung entzogen. Völlig unerwartet verstarb Otto II. am 7. Dezember 983 im Alter von nur achtundzwanzig Jahren in Italien an einer Infektion. Bestattet wurde er im Petersdom in Rom.

Otto III. *(Geschlecht der Liudolfinger, Herrschaft 983 – 1002)*

Otto III., der vierte Thronfolger aus dem Geschlecht der Liudolfinger, war zwar bereits zum König gewählt, aber erst drei Jahre alt, als sein Vater Kaiser Otto II. starb. Während seiner Unmündigkeit wurde das Reich daher von seiner Mutter, Kaiserin Theophanu und seiner Großmutter Kaiserin Adelheid verwaltet und regiert. Bei seinen drei Vorgängern war Sachsen das Zentrum des Reiches und Quedlinburg, Pöhlde, Memleben, Tilleda, Werla und andere Harzer Pfalzen waren Königssitze. Unter Otto III. verlagerte sich der Schwerpunkt seiner Herrschaft nach Italien. Ottos Onkel, Heinrich der Zänker, der auf Veranlassung seines Vaters wegen dessen Verschwörung in Haft saß, wurde sofort nach des Kaisers Tod freigelassen. Als nächstem Verwandten, Mutter und Großmutter weilten noch in Italien, wurde der junge König dann vom Erzbischof von Köln an Heinrich übergeben. Heinrich aber hatte nur ein Ziel, das Königtum. Daher lud er in traditioneller Weise die Großen des Reiches zum Osterfest des Jahres 984 in die Hochburg der Ottonen nach Quedlinburg. Dort fand er Unterstützer, aber auch Gegner. Ottos Anhänger zogen sich aus Quedlinburg auf die Asseburg bei Wolfenbüttel zurück und schlossen eine Schwureinigung. Heinrich zog daraufhin mit militärischen Verbänden in die Pfalz Werla, um mit den Widersachern zu verhandeln; diese waren aber nicht bereit zu Heinrich zu stehen und ihren Königseid zu brechen. Da gab Heinrich auf und zog nach Bayern; da er von den Franken auch keine Unterstützung für sein Vorhaben erhielt und den Konflikt scheute, gab er den jungen König Otto

an seine Mutter Theophanu zurück. Das Osterfest 986 verbrachte der fünfjährige Otto mit seiner Mutter Theophanu in Quedlinburg. Die vier Reichsherzöge Heinrich der Zänker, Konrad von Schwaben, Heinrich von Kärnten sowie Bernhard von Sachsen waren ebenfalls anwesend, übten ihre Ämter aus und symbolisierten damit ihre Dienstbereitschaft und Untertänigkeit.
Die Zeit, in der die Mutter von Otto III. die Regierungsgeschäfte führte, blieb weitgehend konfliktfrei, sieht man von dem Gandersheimer Streit ab, bei dem um die Zugehörigkeit von Gandersheim zur Hildesheimer oder Mainzer Diözese gestritten wurde.

Ab 994, mit Beginn seines vierzehnten Lebensjahres, übernahm Otto III. die Regierungsgeschäfte. Zu jener Zeit galt man ab diesem Alter als erwachsen. Im Jahr 995 hielt er einen Hoftag in Quedlinburg ab. Ein Jahr später brach er zu seinem ersten Italienzug auf. Nachdem Papst Johannes XV. verstorben war, machte Otto III. seinen Hofkaplan Brun von Kärnten zum ersten deutschen Papst, der den Namen Gregor V. annahm.

Evangeliar Kaiser Ottos III., Szene: Slavinia, Germania, Gallia und Roma huldigen Kaiser Otto III.; Buchmalerei der Reichenauer Schule um 1000
(eigenes Archiv)

Christi Himmelfahrt 996 wurde er dann von seinem Papst zum Kaiser gekrönt. Im Jahr 997 begann der junge Kaiser seinen zweiten Italienzug. Mit seiner Stellvertretung im Reich beauftragte er seine Tante, die Äbtissin Mathilde von

Quedlinburg, was einen gewissen Affront gegen die Herzöge und Erzbischöfe des Reiches darstellte, die üblicherweise diese Aufgabe übertragen bekamen. Otto III. war Sachse mit griechischem Blut. Diesem Umstand mütterlicherseits ist es wohl zu zuschreiben, dass sich der Kaiser zunehmend in südlichen Breiten wohlfühlte und Rom zu seinem Lieblingsort erkor, wie die Quedlinburger Annalen berichten. Immer seltener kam Otto III. über die Alpen und immer seltener hielt er sich in der Harzregion auf. Im Jahr 1000 verbrachte er erneut Ostern in Quedlinburg. Es sollte der letzte Besuch Ottos III. sein, denn plötzlich und unerwartet verstarb er im Alter von nur einundzwanzig Jahren im Januar des Jahres 1002 in der Nähe Roms und wurde im Aachener Dom bestattet. Da der junge Kaiser keine Kinder hatte, war auch keine Nachfolgeregelung getroffen worden.
Erst ab Otto III., insbesondere durch seine Großmutter Adelheid und seine Mutter Theophanu, ging man dazu über, auch im Harzgebiet königliche Münzstätten zu errichten, so in Goslar, Halberstadt und Quedlinburg. Die reiche Silberausbeute des Harzes nutzend, wurden „Otto-Adelheid-Denare“ geprägt, die zum großen Teil mit Kreuz, Namen und Titel Ottos ausgeprägt waren.

Otto-Adelheid-Pfennig (eigenes Archiv)

Zu jener Zeit begannen aber auch landesherrliche Münzstätten ihre Arbeit aufzunehmen. Diese königlichen Privilegien für einen Markt mit Münze, Zollrecht und Königsbann wurden urkundlich verliehen, vorrangig an Münzstätten des Klerus. So erhielten zum Beispiel im Jahr 974 der Bischof von Halberstadt für Osterwieck, im Jahr 992 das Stift Halberstadt für Osterwieck, im Jahr 993 das Marienkloster Nienburg für Harzgerode und im Jahr 994 Äbtissin Mathilde von Quedlinburg für Quedlinburg dieses Privileg. Aber auch die Grafen von Ballenstedt sowie die Grafen von Mansfeld prägten im Hochmittelalter schon eigene Münzen.

Otto-Adelheid-Denar (eigenes Archiv)

Heinrich II. *(Geschlecht der Liudolfinger, Herrschaft 1002 – 1024)*

Um die Nachfolge von Otto III. entbrannten heftige Fehden, in denen sich letztendlich Herzog Heinrich II. von Sachsen durchsetzen konnte. Als Urenkel von König Heinrich I. entstammte er der bayrischen Nebenlinie der Liudolfinger (Ottonen). Im Juni des Jahres 1002 wurde er zum deutschen König gekrönt.

Darstellung Heinrichs II. im Evangeliar aus Seeon, Bamberg, Staatsbibliothek (eigenes Archiv)

König Heinrich II. war der Sohn von Heinrich dem Zänker, des größten Widersachers von Otto II. und auch von Otto III. Im Gegensatz zu diesem konzentrierte sich Heinrich gleich nach seiner Krönung wieder im Wesentlichen auf das Reichsgebiet nördlich der Alpen. Die Herrschaft von Heinrich II. war durch eine Zentralisierung des Königtums geprägt und er festigte das Reich durch enge Verflechtungen zur Kirche, die sowohl personeller wie auch politischer Natur waren. Der junge Heinrich war in Hildesheim in der Domschule ausgebildet worden und hatte daher auch eine gewisse regionale Bindung zur mitteldeutschen Region, die ihn veranlasste, sich auch häufig hier aufzuhalten. Im Jahr 1009 ernannte er Thietmar von Merseburg zum Bischof. Thietmars Chronik gilt als bedeutendste Quelle für diese Zeit und zu Heinrich II. Das erste Herrschaftsjahrzehnt war geprägt von vier Feldzügen gegen den Polenfürsten Boleslaw. Im Jahr 1014 wurden Heinrich und seine Gemahlin Kunigunde in Rom zum Kaiser und zur Kaiserin gekrönt. Das Osterfest des Jahres 1024 verbrachte der Kaiser in Magdeburg, besuchte anschließend Halberstadt und Goslar, wo er erkrankte und dann in der Pfalz Grona bei Göttingen verstarb. Kaiser Heinrich II. blieb kinderlos und war der letzte ottonische König. Auf Grund seiner kirchlichen Integrationspolitik wurde er später heiliggesprochen und wird in der Geschichte auch als Heinrich der Heilige bezeichnet. Seine Ruhestätte fand er im Bamberger Dom.

Konrad II. *(Geschlecht der Salier, Herrschaft 1024 – 1039)*

Schon wenige Wochen später trafen sich in Kamba (einem untergegangenem Ort am Rhein) die Großen des Reiches zur Königswahl. Durchsetzen konnte sich Konrad der Ältere, der einem Zweig des Liudolfinger-Geschlechts entstammte. Der neue König Konrad II. gilt als Begründer des neuen Königshauses der Salier, das Königtum verblieb damit in sächsischen Händen. Bereits acht Jahre vor seiner Krönung zum König hatte Konrad Gisela von Schwaben zur Gemahlin genommen.

Anfang des Jahres 1025 hielt sich das Königspaar unter anderem in Hildesheim, Goslar und Magdeburg auf. Konrad II., der 1027 zum Kaiser gekrönt wurde, knüpfte im Wesentlichen an die Politik seines Vorgängers an. Allerdings verlor für ihn die sächsische Harzregion als Reichszentrum zunehmend an Interesse. Konrad förderte Speyer und verhalf ihm zum Aufstieg. Bereits im Jahr 1026 bestimmte der König seinen neunjährigen Sohn Heinrich zu seinem Nachfolger. Den Winter 1038/39 verbrachte Konrad II. in der Pfalz Goslar, dann reiste er nach Utrecht, wo er Pfingsten plötzlich verstarb.

Die Kaiserkrone trägt auf dem Bügel die Aufschrift *Chonradus dei gratia Romanorum imperator augustus* (Konrad von Gottes Gnaden hehrer Kaiser der Römer). Die Krone befindet sich heute in der Wiener Hofburg
(eigenes Archiv)

Heinrich III. (Geschlecht der Salier, Herrschaft 1028 – 1056)

Heinrich III., der schon in frühen Jahren Mitkönig wurde, trat seine Herrschaft als Zweiundzwanzigjähriger ohne Übergang an und führte die Politik seines Vaters fort. Bereits unter Heinrich II. war die Königspfalz von Werla nach Goslar verlegt und Goslar auf Grund seines Silberreichtums mit zahlreichen Privilegien ausgestattet worden. Heinrichs Vater Konrad stärkte die Bedeutung von Goslar und legte den Grundstein für die Liebfrauenkirche. Heinrich III. vollendete dann das Werk seines Vaters und führte die Königspfalz Goslar zu ihrem Höhepunkt. Dazu berief er 1048 den bedeutendsten Baumeister seiner Zeit, Bischof Benno II. von Osnabrück, nach Goslar.

Unter dessen fachkundiger Leitung entstanden dann das Kaiserhaus und die Stiftskirche St. Simon und Judas. Die neue Pfalz Goslar wurde zum zentralen Ort der Reichsverwaltung. Das führte aber nicht dazu, dass sich die inzwischen aufgebauten Spannungen zu den Billungern, die in der Nordharzregion seit alters her eine bedeutende Stellung innehatten, entschärften. Trotzdem entwickelte sich die Pfalz Goslar zur Lieblingspfalz von Heinrich und er stattete das zugehörige Stift mit reichen Gütern aus, wie neun erhaltene Urkunden belegen. Heinrich III. hatte aus seiner ersten Ehe mit Gunhild eine Tochter namens Beatrix und aus zweiter Ehe mit Agnes die drei Töchter Adelheid, Gisela und Mathilde. Beatrix und Adelheid leiteten später das Stift Gandersheim und das Stift Quedlinburg. Am 11. November 1050, Heinrich war inzwischen zum Kaiser gekrönt worden, wurde ihm dann der Thronfolger vermutlich in Goslar geboren, der den Namen Konrad erhielt. Bereits mit drei Jahren wurde das Königskind zum Nachfolger gewählt und ein Jahr später als Mitkönig gekrönt. Aus politischen Gründen verheiratete Heinrich III. seinen Sohn Konrad 1055 im Alter von nur fünf Jahren mit Bertha von Turin. Im Jahre 1056 verstarb Heinrich III. nach kurzer, schwerer Krankheit unerwartet im Alter von achtunddreißig Jahren auf der Jagdpfalz Bodfeld.

Sarg Heinrichs III. mit seinem Herz und Eingeweiden in der Goslarer Pfalzkapelle St. Ulrich (eigenes Archiv)

Den Leichnam bestattete man zunächst in Goslar in der Stiftskirche St. Simon und Juda, die später unter Heinrich IV. als Dom ausgebaut wurde. Schließlich wurde sein Leichnam in den Dom zu Speyer überführt, das bemalte Grabmal Heinrichs jedoch in die St. Ulrichskapelle der Kaiserpfalz Goslar. Sein Herz indes wurde in einer Kapsel unter dem Grabmal beigesetzt.

Heinrich IV. *(Geschlecht der Salier, Herrschaft 1053 – 1106)*

Auf Anraten von Abt Hugo von Cluny, Pate des Thronfolgers, war Konrad in Heinrich umbenannt worden. Die Regierungsgeschäfte für den jungen König Heinrich IV. wurden zunächst bis 1061 von seiner Mutter Agnes als Regentin wahrgenommen. Die Reichsfürsten waren aber mit der Regentschaft der Kaiserin unzufrieden, es kam zum Staatsstreich von Kaiserswerth, bei dem der junge König in die Gewalt von Anno II., Erzbischof von Köln, geriet. Anno regierte dann als Reichsverweser, musste aber sein Amt bald mit Adalbert Erzbischof von Hamburg-Bremen, teilen. Adalbert bekam Zugang zum jungen König Heinrich und als dieser nach seiner Volljährigkeit im Jahr 1065 die Regierungsgewalt in die eigenen Hände nahm, blieb Adalbert sein wichtigster Berater. Heinrich IV. war der dritte Kaiser der Salier-Dynastie und einer der umstrittensten Herrscher des Mittelalters. Mit seinen fast fünfzig Jahren Regierungszeit prägte er das 11. Jahrhundert und Generationen von Amts- und Würdenträgern, die er aber auch polarisierte. So waren seine ersten Regierungsjahre geprägt von Missstimmungen und Konflikten mit den Sachsen, die ab dem Jahr 1073 im offenen Aufstand gipfelten, den man Sachsenkrieg nennt. Ausgelöst wurden diese Animositäten aber schon von Heinrichs Vater, der als Süddeutscher seine mentalen Probleme mit den Sachsen hatte. Auch wurde der Bau der Goslarer Kaiserpfalz sowie deren Unterhaltung zu einer unverhältnismäßigen Belastung für die regionale Bevölkerung. Der junge Heinrich IV. konnte diese Konflikte nicht entschärfen, im Gegenteil, er verschärfte sie noch. Der König forderte von den Sachsen, insbesondere am Harz, mitten im sächsischen Kernland, Krongut zurück, das seinen Vorgängern verloren gegangen war und von dem die Sachsenfürsten nun meinten, es sei ihr Erbeigentum. Nachdem er seine Macht gefestigt hatte, begann Heinrich IV. mit der rücksichtlosen Konfiskation. Markgraf Dedo von der Ostmark wurde sein erstes Opfer. Thüringische Lehen, die an den Harz grenzten, wie Burg Beichlingen sowie Lehen im Burgenland, so die Burg Burgscheidungen, wurden nach kriegerischen Konfrontationen dem Markgrafen wieder genommen, obwohl dieser Unterstützung durch Graf Albrecht von Ballenstedt, der sein Schwiegersohn war, fand. Dann nahm sich der Salier Heinrich den Herzog Magnus von Sachsen vor. Der hatte ihm während seiner Minderjährigkeit zahlreiche königliche Güter geraubt. Da Herzog Magnus nicht bereit war, diese freiwillig zurückzugeben und auf sein Herzogtum zu verzichten, nahm ihn König Heinrich dauerhaft in Haft. Die königlichen Domänen in Sachsen wurden fortan fiskalisch verwaltet. Bayern übertrug er Welf IV., dem Sohn des

Begründers der jüngeren Welfenlinie Alberto Azzo II. d'Este. Doch die harte Abgabenpolitik sowie die zu leistenden Frondienste stießen bei den freien Sachsen auf erheblichen Widerstand und wurden als Rechtsbruch und Unterdrückung empfunden. Auch lehnte sich Heinrich eng an die Ottonische Kirchenpolitik an und nahm die Bistümer Hildesheim, Halberstadt und Merseburg sowie das Erzbistum Magdeburg für seine Hofhaltung in Anspruch. Das führte zu erheblichen Spannungen mit dem Klerus. Der König agierte aber mit politischem Weitblick und so erkannte er den sich anbahnenden Konflikt mit der wachsenden Opposition. Er beauftragte seinen Burgenbaumeister Bischof Benno von Osnabrück, in der Zeit von 1065 bis 1068 ein System von Burgen um den Harz zu errichten, um sein königliches Machtzentrum zu sichern und verteidigen zu können. Da das ganze Reich diese Baumaßnahmen mitfinanzieren musste, galt es eine plausible Erklärung zu finden – den Schutz gegen slawische Überfälle – die aber von den misstrauischen Sachsen nicht geglaubt wurde.

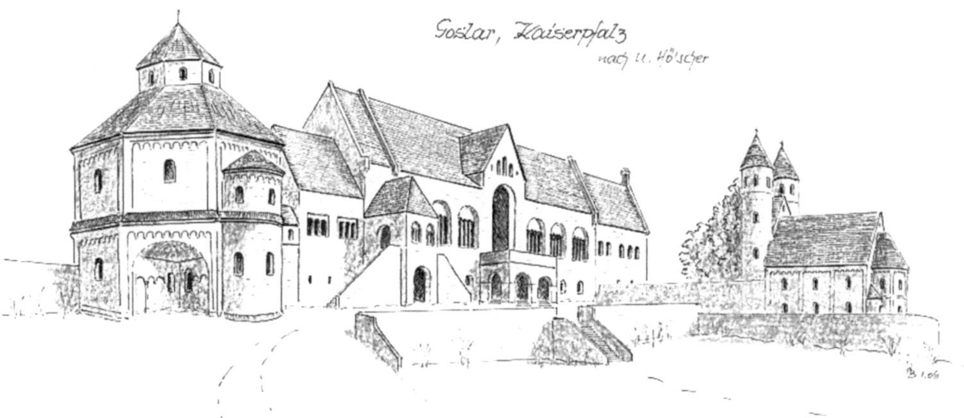

Kaiserpfalz Goslar, die vermutete Geburtsstätte von Heinrich IV.
Rekonstruktionszeichnung von Wolfgang Braun

Über die Burgenbauaktivitäten von Heinrich IV. berichtet der zeitgenössische Chronist Lampert von Hersfeld in seinen „Jahrbüchern". Als wohl bekannteste Burg, die auf König Heinrichs Burgenbauprogramm zurückzuführen ist, gilt die Harzburg. Strategisch sehr günstig gelegen, erlaubte sie direkten Sichtkontakt zur „Schwesterburg", der Heimburg.

Und sie bot dem königlichen Hof eine sichere Zuflucht aus der Kaiserpfalz Goslar. Beide Burgen waren dazu bestimmt, die Sachsen im nördlichen Harzvorland im Zaum zu halten und mögliche Truppenvereinigungen frühzeitig erkennen und bekämpfen zu können. Im südlichen Harzvorland wurde ein Burgentrio erbaut, bestehend aus Hasenburg, Sachsenburg und Spatenburg. Der Standort der Hasenburg, gelegen zwischen Worbis und Bleicherode, wurde schon in der Bronzezeit als Kultplatz genutzt. Die Sachsenburg auf dem Kleinen Sachsenstein bei Bad Sachsa und die Spatenburg am nördlichen Hainleiterand bei Sondershausen vervollständigten die südliche Sicherheitsbastion, die nach Lampert durch eine Moseburg ergänzt wurde, die wahrscheinlich bei Stangerode im Mansfeldischen lag. Auch hatte der König für eventuelle Kriegszüge ins niederelbische Sachsenland vorgesorgt. Zahlreiche Burgen muss es gegeben haben, um für ein königliches Heer alles Notwendige für Rast und Rüstung bereitzustellen. Eine dieser Burgen war die Burg von Volkenroda, nordöstlich von Mühlhausen. Während Heinrich IV. Burgen baute, verlorenes Königsgut zurückforderte, sein Harzer Machtzentrum inklusive Residenz ausbaute und reichlich Hof hielt, formierte sich der Widerstand. Seine Widersacher waren: Otto von Northeim, Markgraf Dedo, Hermann der Billunger, Bischof Hezilo von Hildesheim, Bischof Burchard von Halberstadt, Bischof Werner von Merseburg und Erzbischof Wezel von Magdeburg. Aber es gab auch Königstreue unter den Mächtigen im Land: Bischof Benno von Osnabrück, Bischof Eberhard von Naumburg sowie Erzbischof Adalbert von Bremen. Die Opposition sah in allen zentralistischen Handlungen des Königs Feindseligkeiten. Das lag wohl auch daran, dass Heinrich IV. kein Sachse sondern ein Franke war. Auch die Überlieferungen über die Sachsenkriege unter Karl dem Großen waren anscheinend noch in vielen Köpfen.

Es kam zu einem kriegerischen Einfall der Polen im östlichen Grenzgebiet, der den König animierte, einen Vergeltungsfeldzug zu planen. Dazu versammelte er am 29. Juni 1073 die sächsischen Fürsten in Goslar. Diese aber stellten Forderungen, von deren Erfüllung sie eine Teilnahme an den Feldzügen abhängig machten. Der König ging nicht auf die Forderungen ein, was zu einer Krisensitzung in Wormsleben am Mansfelder See führte. Die Unzufriedenen, die mit diesem Treffen offen zu Widersachern wurden, verabschiedeten folgende Forderungsliste, die Burggraf Meginfried von Magdeburg dem König überbrachte:

- wegen ständiger Kriegsbereitschaft gegen die nordwestslawischen Stämme der Liutizen eine Befreiung von den geplanten Polenfeldzügen
- Verzicht des Königs auf das sächsische Gemeineigentum an Grund und Boden
- Verzicht auf Nutzung und Enteignung von freiem Besitz
- Achtung und Einhaltung sächsischen Rechts
- Schutz vor Übergriffen durch Burgenbesatzungen, das Königsheer sowie durch königliche Beamte.

Der König sagte angeblich allen Forderungen zu. Aber, anscheinend die herannahende Gefahr ahnend, zog er seine Hofhaltung unter Mitnahme der Reichskleinodien auf die Harzburg zurück. Auf die Einlösung seines Wortes warteten die Sachsen vergeblich. Im sächsischen Recht aber war das gegebene Wort verbindlich, wer es nicht einhielt musste zur Rechenschaft gezogen werden.

An einem Julitag des Jahres 1073 zogen die Widersacher des Königs unter Führung von Otto von Northeim und Bischof Burchard von Halberstadt gegen die Harzburg. Der Sachsenkrieg hatte begonnen! Heinrich entsandte Herzog Berthold von Kärnten sowie zwei weitere Fürsten zu Verhandlungen, um die Aufständischen zu bewegen, ihre Waffen niederzulegen. Aber die Sachsen unter dem Northeimer waren nicht mehr zu Verhandlungen bereit und forderten nachhaltig die Schleifung der neuen Harzburgen, die sie als Bedrohung ansahen.

Heinrich wusste zwar, dass seine Harzburg so gut wie uneinnehmbar, Nahrungsmittel reichlich vorhanden waren und die Harzburg eine geheime Wasserleitung besaß, die über 1,3 Kilometer aus den Hochlagen des Spüketals unterirdisch verlegt, Frischwasser in die Burg leitete, aber der König ahnte wohl, dass Ausharren keine Lösung war. Sicherlich war er auch in seinem Stolz verletzt und sah seine angestrebte Zentralgewalt in Gefahr. Er floh am 10. August 1073 aus der Harzburg Richtung Thüringen, über den noch heute sogenannten „Kaiserweg". Wie er aus der umzingelten und belagerten Burg entkommen konnte, ist bis heute unklar. Erst zwei Tage später legten die Flüchtlinge in Eschwege einen Rasttag ein, in der Gewissheit, nicht mehr eingeholt werden zu können. Außerdem konnte er sich bei den Bayern, Franken und Schwaben verhältnismäßig sicher fühlen. Inzwischen hatten sich die Thüringer dem Sachsenaufstand angeschlossen. Am 27. Januar 1074 standen sich dann die Heere des Königs und der sächsischen Aufständischen bei Hersfeld gegenüber. Das Königsheer war klein, aber gut ausgebildet, das Sachsenheer erheblich größer, aber im Grunde ein Bauernheer. Beide Seiten scheuten die Schlacht, das „Warum" wären Vermutungen.

Am 2. Februar kam es dann zu Friedensverhandlungen im thüringischen Gerstungen. Es gab Einigung zwischen beiden Parteien, die folgenden Kompromiss enthielt: Die Sachsen versprachen dem König Genugtuung, dafür sollten sie straffrei bleiben und ihr eigenständiges Recht behalten; die neu erbauten Burgen sollten zerstört werden. Widerwillig stimmte Heinrich zu, aber er hatte keine Wahl, denn zu einem Vergeltungsschlag war er noch zu schwach.
Am 10. März erließ er an die Besatzungen der Burg bei Volkenroda, Spatenburg, Sachsenburg, der Heimburg und der Harzburg die Befehle, die Burgen zu schleifen. Allerdings sollten bei der Harzburg nur die Ringmauern zerstört

werden, Wohngebäude, Kirche und Stift sollten erhalten bleiben. In Worms aber erreichte den König die Nachricht, dass aufsässige sächsische Bauern auch noch die Wohngebäude, die Kirche und das Stift niedergerissen hatten. Altäre und Gräber wurden geschändet und die Geistlichen wurden misshandelt. Diesen Frevel verzieh der König den Sachsen nicht und er plante strategisch die Strafaktionen, indem er einzeln bei seinen Reichsfürsten um Unterstützung warb.

Im Juni 1075 war es dann soweit. König Heinrich hatte ein schlagkräftiges Heer aufgestellt und war auf dem Weg nach Sachsen. Er wollte das Sachsenheer vernichten und die Rädelsführer zur Verantwortung ziehen. Es muss angenommen werden, dass die Sachsen darüber informiert waren, dass ein großes Reichsheer unterwegs war um sie abzustrafen. Trotzdem ließen die Sachsen jede Vorsicht außer Acht, legten ihre Waffen ab und ließen es sich bei reichlich Wein gut gehen, wie die Überlieferung berichtet.

Die Vorhut des Reichsheeres mit ihren Spähern entdeckten sie wie beschrieben bei Großbehringen, nordöstlich von Eisenach. Als Heinrich diese Nachricht erhielt, war sein Heer nur ungefähr 2 bis 3 Meilen vom Lager der Sachsen entfernt. Sofort startete er einen Überraschungsangriff um die Situation auszunutzen. Im Eilmarsch zog er nach Norden, wie immer voraus die Schwaben, gefolgt von den Bayern, den Franken und den anderen Landsmannschaften. Die Lothringer und die Böhmen bildeten die Nachhut. Der Überraschungsangriff glückte bei Homburg an der Unstrut. Es wurde ein überwältigender Sieg des Reichsheeres und ein grausames Gemetzel. Die Verluste der Sachsen allein werden mit 8 000 Toten angegeben, die des Königsheeres mit 1 500. Aber wie so oft, die Anführer und Aufrührer, der sächsische Adel, hatten sich rechtzeitig in Sicherheit gebracht. Nur Bischof Burchhard von Halberstadt wurde von den königlichen Truppen festgesetzt und an den Bischof von Bamberg als Gefangener übergeben. Als Gefolgsmänner König Heinrichs kämpften unter anderem Rudolf von Rheinfelden, der böhmische Herzog Vratislav II., Markgraf Ernst von Österreich (gefallen), der lothringische Herzog Dietrich II., der Bischof von Bamberg sowie Graf Hermann II. von Gleiberg. Auf der Seite der sächsischen Großen standen neben Otto von Northeim und Burchard II. von Halberstadt: Der billungische Sachsenherzog Magnus, der Markgraf der Nordmark Lothar Udo II., Gebhard von Süpplingenburg (gefallen), der sächsische Pfalzgraf Friedrich II. von Goseck und Graf Dietrich II. von Katlenburg.

Gr. und Kl. Harzburg nebst Dorf Schulenrode

Der Chronist Lampert von Hersfeld berichtet in seinen „Annales": „Die Schlacht hatte sich bereits vom Mittag bis zur neunten Stunde hingezogen, und es war schon nahe daran, daß sich zwei Heerhaufen zweier Länder, Schwaben und Bayern, zur Flucht wandten, und wiederholt meldeten Boten dem König, dass ihre Leute in höchster Gefahr seien, da rückten plötzlich Graf Hermann von Gleiberg auf der einen, auf der anderen Seite die Bamberger Mannen zum Angriff heran. Jetzt wirft auch der Herzog von Böhmen, jetzt der Herzog Gozelo von Lothringen ihre Reiter mit verhängten Zügeln in den Kampf. Diesem gewaltigen Ansturm konnten die Sachsen nicht mehr standhalten und wichen langsam zurück."

Am Tag darauf folgte die Plünderung des Schlachtfeldes und ein grausames Strafgericht in Form von Raub und Plünderung des Vorharzer Sachsenlandes bis hinauf nach Halberstadt.

Aber die Sachsen waren noch nicht endgültig geschlagen, denn wie beschrieben, ihre führenden Köpfe waren entkommen. Der König hatte Verpflegungsprobleme, denn die alte Ernte war verbraucht und die neue noch auf dem Halm. So musste er sein Heer einstweilen entlassen. Bei den Sachsen herrschte nach der schmerzlichen Niederlage inzwischen Zwietracht. Gegenseitige Vorwürfe, insbesondere zwischen Bauern und Adel, spaltete die Sachsenfront zunehmend.

Im Oktober konnte der König dann sein Reichsheer wieder rekrutieren. In Nordthüringen, auf der Hochfläche von Spier südlich von Sondershausen, trafen die beiden Heere zusammen. Aber die Sachsen waren so unterlegen, dass sie sich den königlichen Forderungen nach totaler Kapitulation ohne „Wenn und Aber" beugen mussten. Die führenden Adligen wurden festgesetzt und nach Süddeutschland in Haft gegeben. Heinrich ließ die Harzburg, die Heimburg und die Hasenburg wieder aufbauen und zog als großer Sieger in seine Geburts- und Residenzstadt Goslar ein. Der darauf dorthin einberufene Reichstag festigte die Stellung Heinrichs IV. und bestimmte seinen Sohn Konrad zu seinem Nachfolger. Aber die Streitigkeiten mit den Sachsen waren noch nicht beigelegt. Der König vergab die konfiszierten Lehen der festgenommenen Sachsen wieder an landfremde Ministerialen und ließ auch von der Investitur des Klerus nicht ab. Und auch der Neubau von Burgen unter Anwendung der fränkischen Notforderung (Mitarbeit am Burgen- und Wegebau und Heranziehung zum Wachdienst) säte neues Misstrauen. Es folgten weitere autoritäre Maßnahmen des Königs, die auf Unmut der Sachsen stießen und im Sommer 1076 den Aufstand wieder aufflackern ließen. Besonders der Investiturstreit, der sich über das gesamte Reich ausgebreitet hatte, führte zu Konflikten und gipfelte im Jahr 1076 in einem Kirchenbann, ausgesprochen durch Papst Gregor.

Auf dem Fürstentag in Trebur, im Oktober 1076, versagten sich daraufhin einige Reichsgroße erneut dem König und bildeten eine Opposition. Einer der Rädelsführer war wiederum Otto von Northeim. Die Abtrünnigen benannten Rudolf von Rheinfelden zum Gegenkönig und wählten ihn 1077 in Forchheim. Aber Heinrich IV. setzte erneut sein politisches und taktisches Geschick ein und löste den Kirchenbann durch seinen Gang nach Canossa. Dieser geschickte Schachzug machte die Pläne seiner Gegner zunichte. Aber Heinrich erkannte auch, dass seine sächsischen „Harzpläne" endgültig gescheitert waren. Zeugnisse von diesem tragischen Ringen um eine zentrale Reichsgewalt durch Heinrich IV. gegen die partikularistischen Bestrebungen der Sachsen gibt es kaum noch. Von den einst königlichen Burgen gibt es nur noch Fragmente. Danken wir Lampert von Hersfeld, diesem fleißigen Chronisten, sowie Bruno von Merseburg, dass sie uns die historischen Ereignisse überliefert haben.

Nach der Lösung des Kirchenbannes wollte die sächsische Opposition Heinrich aber nicht mehr als König akzeptieren. Im März 1077 kamen in Forchheim die süddeutschen Herzöge, Otto von Northeim, die Erzbischöfe von Mainz, Magdeburg und Salzburg sowie die Bischöfe von Worms, Würzburg, Passau und Halberstadt sowie weitere Reichsgroße zusammen, um Rudolf von Schwaben (von Rheinfelden) zum Gegenkönig zu wählen. Auf einem Hoftag im Mai 1077 in Ulm wurden Rudolf von Schwaben, Welf von Bayern und Berthold von Kärnten zwar als Hochverräter verurteilt, ihre Herzogtümer und Lehen wurden ihnen aberkannt und eingezogen, was die Gesamtsituation für Heinrich aber nicht merklich verbesserte. Neben zahlreichen personellen Veränderungen in seinen Fürsten- und Herzogtümern unternahm er daraufhin auch umfangreiche militärische Anstrengungen, doch alle diese Maßnahmen brachten keine Entscheidung. Aber es musste eine Entscheidung her – die brachte eine Schlacht zwischen den beiden Königen am 15. Oktober 1080 in Thüringen bei Hohenmölsen an der Elster. Heinrichs Heer unterlag dem von Rudolf, jener wurde jedoch so schwer verletzt, dass er wenige Tage später verstarb. Dies war die erste Schlacht, in der ein König im Kampf um die Krone des Heiligen Römischen Reiches Deutscher Nation den Tod fand. Den Umstand, dass Rudolf in der Schlacht als eine Verletzung die rechte „Schwurhand" verlor, sahen die Heinrich-Getreuen als Gottesurteil. Rudolfs Anhänger dagegen machten ihren gefallenen König zum kirchlichen Märtyrer. Sie bestatteten ihn in der Merseburger Bischofskirche, für das Grab wurde eine vergoldete Bronzeplatte angefertigt, die als älteste erhaltene figürliche Plastik des Mittelalters gilt und noch heute im Merseburger Dom zu sehen ist.

Aber auch nach Rudolfs Tod nahm der Widerstand der Sachsen gegen Heinrich IV. nicht ab. Er wollte das Weihnachtsfest 1080 zu Goslar feiern, wo sich ihm aber ein starkes sächsisches Heer in den Weg stellte.

Der Überlieferung nach soll Heinrich daraufhin, um das salische Königtum zu erhalten, angeboten haben, nie wieder sächsischen Boden zu betreten, wenn die Sachsen seinen Sohn Konrad als König anerkennen und wählen. Dieser Vorschlag soll aber von Bischof Bruno von Merseburg und Otto von Northeim als Wortführer abgelehnt worden sein. Von Otto hat sich dazu folgende Rede überliefert: „Ich habe schon oft gesehen, dass ein minderwertiges Rind auch ein ebensolches Kalb hat, und so trage ich weder nach dem Vater noch nach dem Sohn Verlangen."

Heinrich zog sich daraufhin aus Sachsen zurück und ging nach Italien. Die königsfeindliche, antisalische Fraktion wählte erneut mit dem Grafen Hermann von Salm einen Gegenkönig, der aber ohne große Wirkung blieb. Heinrich begann ab 1080 besonders Speyer zu fördern; indem er den Dom zu Speyer neu errichten ließ, dankte er Gottes himmlischen Mächten für ihre Unterstützung in seinen Kämpfen um die Königsmacht. Der Dom zu Speyer wurde das imposanteste Bauwerk der christlichen Welt nördlich der Alpen.
Auch in der Folgezeit, den 1080er Jahren, konnte Heinrich die Sachsen nicht zur Fahne bringen. Der Tod einiger seiner größten Widersacher, wie Otto von Northeim und Bischof Buko von Halberstadt, verschaffte ihm etwas Ruhe und schwächte die Opposition. Im Jahr 1087 versuchte Heinrich dann mit der Krönung seines Sohnes Konrad die salische Thronfolge zu sichern. Aber schon 1093 fiel Konrad ganz überraschend von seinem Vater ab, ging nach Italien und ließ sich dort zum König von Italien krönen. Im Jahr 1098 ließ Kaiser Heinrich seinen Sohn Konrad enterben und seinen jüngsten Sohn Heinrich zum König krönen. Im Jahr 1101 verstarb Kaiser Heinrichs Sohn Konrad, was die Gefahr eines Bruderzwistes um die Herrschaft bannte. Heinrich V. hatte seinem Vater zwar geschworen, sich zu dessen Lebzeiten niemals gewaltsam des Reiches und der königlichen Güter zu bemächtigen, brach diesen Schwur aber zu Weihnachten 1104. Im Jahr 1105 ließ er seinen Vater, Kaiser Heinrich IV., auf hinterhältige Weise gefangennehmen und auf Burg Böckelheim an der Nahe inhaftieren. Unter großem Druck wurden dem Kaiser dann der Herrschaftsverzicht und die Herausgabe der Reichsinsignien abgepresst. Das Verhalten seines Sohnes wurde vom alten Kaiser als „ruchloser Verrat", als „unmenschlich und grausam gegen alles Recht" und als „Täuschung und Betrug" bezeichnet. Am 5. Januar 1106 wurde Heinrich V. in Mainz von den Reichsfürsten zum König gewählt. Diese Schmach machte dem alten Kaiser zu schaffen, er organisierte zwar noch einen gewissen Widerstand, wurde dann aber krank und verstarb am 7. August 1106 in Lüttich.

Kaiser Heinrich IV. war einer der umstrittensten Herrscher des Mittelalters. Im Harz ranken sich zahlreiche Sagen, Mythen und Legenden um ihn, in denen er immer als böser Tyrann dargestellt wird. Heute ist diese Darstellung aber anzuzweifeln, sie ist wohl auf die außergewöhnlich lange Regierungszeit von

Heinrich IV. sowie auf einseitige und parteiische „Berichterstattung“ der Salier-Opposition zurückzuführen.

Rudolf von Rheinfelden *(Gegenkönig, Herrschaft 1077 – 1080)*

Bronze-Grabplatte Rudolfs von Rheinfelden im Merseburger Dom
(eigenes Archiv)

Rudolf von Rheinfelden (auch Rudolf von Schwaben) (* um 1025; † 1080 bei Hohenmölsen) war seit 1057 Herzog von Schwaben und als solcher zunächst loyaler Anhänger seines Schwagers, König Heinrichs IV. Während der Auseinandersetzungen des Investiturstreits wechselte er jedoch in das Lager der Opposition, von der er am 15. März 1077 in Forchheim zum Gegenkönig gewählt wurde.

Rudolf führte zahlreiche Schlachten gegen Heinrich IV., so bei Mellrichstadt, bei Flarchheim und letztendlich bei Hohenmölsen östlich von Weißenfels. Diese Schlacht hatte zwar keinen eindeutigen Sieger, aber König Heinrich IV. hatte fliehen müssen. Seinem Widersacher König Rudolf erging es sogar noch schlechter, er erhielt eine tödliche Verwundung. Einer der Ritter Heinrichs IV., dessen Name trotz seiner wichtigen Tat nicht überliefert ist, schlug dem Gegenkönig die rechte Hand ab und stach ihm das Schwert in den Unterleib. Rudolf starb einen Tag später an diesen Verletzungen, wurde im Merseburger Dom aufgebahrt und dort auch bestattet, erhalten ist seine eindrucksvolle Bronze-Grabplatte. Rudolf von Rheinfelden hat, trotz seiner regionalen Unterstützer, dem Bischof von Halberstadt und Otto von Northeim, in der Harzregion keine nachhaltigen Spuren hinterlassen.

Hermann von Luxemburg *(Gegenkönig, Herrschaft 1081 – 1088)*

Hermann von Luxemburg, Graf von Salm, (* um 1035; † 1088), Stammvater des Hauses Salm, war ein Sohn des Grafen Giselbert von Luxemburg. Um nach dem plötzlichen Tod von Rudolf von Rheinfelden den Aufstand gegen König Heinrich IV. nicht zusammenbrechen zu lassen, wählte die Opposition im Jahr 1081 Hermann zum Gegenkönig. Um ein Symbol für den Widerstand zu setzen wurde Hermann von Erzbischof Siegfried I. von Mainz in Goslar gekrönt. Zeitweilig residierte Hermann auf der Burg Eisleben. Er fand jedoch keinen Weg, sich gegen seinen Widersacher durchzusetzen und führte ein Schattenkönigdasein, welches sich auf Sachsen beschränkte. Auch Hermanns Einfluss auf die Harzregion blieb äußerst beschränkt. Im Jahr 1088 zog er sich enttäuscht und desillusioniert in sein Erbland nach Cochem zurück, wo er im gleichen Jahr bei einem Kampf ums Leben kam.

Konrad III. *(Mitkönig, Herrschaft 1087 – 1098)*

Konrad war der älteste Sohn von Kaiser Heinrich IV. Im Jahr 1087 wurde er von seinem Vater zum Mitkönig und designierten Nachfolger bestimmt. Bereits im Jahr 1093 war er aber im Zuge der Investiturstreitigkeiten in das päpstliche Lager gewechselt und hatte sich gegen den Vater erhoben. Heinrich IV. saß zwischen 1093 und 1096 jedoch in Oberitalien fest, konnte also zunächst kaum etwas gegen den Sohn unternehmen. Erst nach seiner Rückkehr aus Italien ließ er den Abtrünnigen auf einer Reichsversammlung im April 1098 in Mainz absetzen. Gleichzeitig wurde der jüngere Bruder Heinrich zum Mitkönig und somit zum Nachfolger bestimmt. Konrad starb im Jahr 1101 auf unbekannte Weise.

Heinrich V. *(Geschlecht der Salier, Herrschaft 1099 – 1125)*

Das Geburtsjahr von Heinrich V. gilt als nicht zweifelsfrei. Allerdings wird in den zeitnahen regionalen Annalen von Hildesheim, Magdeburg und Pöhlde das Jahr 1081 genannt. Trifft dieses Geburtsjahr zu, so war Heinrich V., als er zum König gewählt wurde, um die fünfundzwanzig Jahre alt. In den ersten Regierungsjahren führte der junge Heinrich vorrangig Feldzüge im Osten des Reiches und in Italien. Die Konflikte, die sein Vater mit den Sachsen hatte, blieben weitgehend aus. Im Jahr 1111 erzwang er sich dann die Kaiserkrönung im Petersdom in Rom. Nach seiner Rückkehr nach Deutschland meinte er wohl gestärkt zu sein und begann, seinem Vater gleich, die königliche Machtbasis auszubauen. In seine diesbezüglichen Aktivitäten wurde auch der thüringisch-sächsische Raum einbezogen. Das führte zu erneuten Konflikten und in dem sächsischen Herzog Lothar von Süpplingenburg erwuchs ihm ein neuer Gegenspieler. Es kam zu Konflikten, in deren Ergebnis der Kaiser den Herzog im Jahr 1112 auf einem Fürstengerichtstag in Goslar absetzte, ihn nach dessen Unterwerfung aber wieder als Herzog einsetzte. Der Konflikt zwischen Heinrich und Lothar spitze sich in den nächsten Jahren zu und gipfelte in zwei Schlachten. Die erste fand 1114 bei Andernach statt und die zweite im Februar 1115 bei Hettstedt am Welfesholz; beide Schlachten verlor der Kaiser. Diese Niederlagen schwächten den Kaiser zunächst, kosteten ihn aber nicht die Krone. In den folgenden zehn Jahren erstarkte Heinrich wieder, legte sich dann aber, zusätzlich zu den weltlichen Konflikten im eigenen Reich, auch noch mit dem Papst und einigen Kirchenfürsten an. Unerwartet verstarb Heinrich V. am 23.Mai 1125 ohne Erben in Utrecht. Wie die anderen salischen Kaiser, wurde auch Heinrich V., als letzter seines Geschlechtes, im Dom zu Speyer bestattet.

Lothar von Süpplingenburg
(Geschlecht der Süpplingenburger, Herrschaft 1125 – 1137)

Da Heinrich V. keine direkten Erben hatte, gab es zahlreiche Bewerber, die sich eine Chance auf die Königsnachfolge ausrechneten. Übrig blieb ein Kandidatentrio: Herzog Friedrich von Schwaben (Heinrichs Neffe), Markgraf Leopold III. von Österreich (Heinrichs Schwager) sowie Herzog Lothar von Süpplingenburg. Eine Versammlung aus je zehn hochrangigen Vertretern der vier großen Stämme der Sachsen, Schwaben, Bayern und Franken sollte sich dann auf einen Kandidaten einigen und ihn wählen. Das Ergebnis lautete – Lothar von Süpplingenburg – und dieser wurde im September 1125 in Aachen zum König gekrönt.

Der neue König, der 1075 geboren wurde, ging als Lothar III. in die Geschichte ein. Als er die Königswürde bekam, war er also schon im fortgeschrittenen Alter von fünfzig Jahren. Vielleicht war es diese altersgemäße Erfahrung und Gelassenheit, die es ihm gestattete, dass Reich zu befrieden und zu versöhnen.

Lothar war seit 1100 mit Richenza von Northeim verheiratet, die als letzte Sachwalterin des Brunonischen Erbes gilt. Durch größere Erbschaften, unter anderem von Otto von Northeim und Gertrud von Haldensleben wurde sein Besitz erheblich erweitert, Macht und Einfluss wuchsen auch durch erfolgreiche Kriegszüge. Systematisch hatte er unter Heinrich V., gegen den er bereits in der Schlacht am Welfesholz gekämpft hatte, seine politische Stellung durch kluge Territorialpolitik ausgebaut. Dabei wurde Braunschweig sein machtpolitisches Zentrum. Dem Askanier Albrecht dem Bären verhalf er zur Mark Lausitz und in Halberstadt übte er Einfluss aus, dass ein ihm genehmer Bischof gewählt wurde. So hatte sich Lothar eine Hausmacht geschaffen, die ihm die Wahl zum König sicherte. Aber wer Freunde und Unterstützer hat, der hat auch Feinde und Gegner. So geriet Lothar III. schon kurz nach seinem Regierungsantritt mit den Staufern in Konflikte, die sich um Güter rankten, die der König als Reichsgüter ansah. Diese Konflikte spitzten sich zu und gipfelten in kriegerischen Auseinandersetzungen.
Lothar III. war ein Förderer von Braunschweig, dem er auch das Stadtrecht verlieh und es erstmals in der Geschichte in den Blickpunkt deutscher und europäischer Geschichte rückte. Ein Denkmal setzte er sich mit dem Bau des Kaiserdomes in Königslutter, den er allerdings nicht mehr vollenden konnte. Am 3. Dezember 1137 starb Kaiser Lothar unerwartet auf der Rückreise von seinem zweiten Italienfeldzug in Österreich. Bestattet wurde er in seinem Kaiserdom St. Peter und Paul in Königslutter. Im Jahr 1620 öffnete man sein dortiges Grab und fand unter anderem ein Schwert und einen Reichsapfel. Seine Herrschaft dauert nur zwölf Jahre, war aber eine nicht unbedeutende Epoche in dem zuvor gespaltenen und von Feindseligkeiten geprägten Reich. Vor ihm herrschte die Salier- und nach ihm die Stauferdynastie.

Herkunft und Abstammung des Lothar von Süpplingenburg

Ich möchte in diesem Abschnitt einige Ausführungen zur Herkunft und Abstammung von Kaiser Lothar III. machen. In den gängigen Nachschlagewerken, aber auch in fast allen geschichtlichen Abhandlungen, wird dieses Kapitel kaum beachtet. Da Lothar III. aber ein Sachse war, dessen Wurzeln im Nordharz liegen, halte ich diese Ausführungen für angemessen aber auch notwendig.
Über die Kindheit und Jugendzeit Lothars schweigen die Quellen. Erstmals wird er im Jahr 1100 zusammen mit zahlreichen Fürsten Sachsens und Nord-

thüringens genannt. Wohl im gleichen Jahr hatte er Richenza von Northeim, die Tochter Heinrichs des Fetten und Gertruds von Braunschweig, geheiratet. Diese wenigen Nachrichten blieben für die erste Lebenshälfte Lothars die Einzigen, erst mit seiner Herzogserhebung im Jahr 1106 werden die Quellen reicher.

Aber warum, fragt man sich, hat Heinrich V. den wenig bedeutenden Grafen Lothar von Süpplingenburg protegiert und ihm die Herzogswürde zukommen lassen. Einige andere sächsisch- thüringische Fürsten traten prägnanter hervor: Pfalzgraf Friedrich von Sommerschenburg, Graf Otto von Ballenstedt oder Ludwig von Thüringen zum Beispiel. Da die Quellen keine Auskunft geben, bleibt nur die Vermutung, dass Lothar ein fleißiger Parteigänger von Heinrich V. war. Denn wenn man unvoreingenommen seinen ursprünglichen Besitz betrachtet, prädestiniert dieser Lothar nicht für die Herzogswürde.

Die Herkunft der Süpplingenburger ist bisher nicht zweifelsfrei geklärt. Angenommen wird, dass ein Graf Liutger (1013 – 1031), der Stammvater des Geschlechts war. Einem Grafen Liutger wurde vom Kaiser ein Komitat „in pago Nortthuringon et pago Derlingon“ übertragen. Jener Graf Liutger hatte anscheinend zwei Söhne, Graf Bernhard und Graf Lutherus, die sich dessen Grafschaft teilten. Graf Bernhards Komitatsbereich ging dann auf seinen Sohn Gebhard über. Gebhard von Süpplingenburg gilt recht gesichert als Vater von Lothar III. und Graf Bernhard als dessen Großvater. Gebhard war im Sachsenkrieg Heinrichs IV. auf Seiten der sächsischen Opposition und nahm an der Schlacht bei Homburg an der Unstrut im Jahr 1075 teil, in der er fiel. Da Lothar 1075 geboren wurde, hat er seinen Vater Gebhard nicht kennen gelernt. Aber er trat das Erbe seines Vaters an und bekam dessen Komitatsrechte übertragen. Nun stellt sich die Frage, wo sich geografisch die Komitate, Lehen und das Eigentum der Süpplinburger befanden? In einer ersten Quelle aus dem Jahr 1052 stellte Kaiser Heinrich III. Diplome für Komitate im Harzgau, Derlingau und auch im Nordthüringen- und Balsamgau aus. Diese Komitate wurden durch Heinrich IV. gegenüber der Halberstädter Kirche im Jahr 1063 bestätigt. Ein ursprüngliches Machtzentrum, das er von seinem Vater übernommen hatte, war anscheinend die Osterwiecker Region im Harzgau (Osterwieck, Dedeleben, Dardesheim, Anderbeck, Langeln, Sargstedt, Lochtum). Zusammenfassend können wir feststellen: Vor seiner Herzogserhebung besaß Lothar außer seinem väterlichen Erbe an Eigengütern und Herrschaftsrechten im nördlichen Harzvorland nicht viel. Seine Aussichten auf ein Erbe von seiner Großmutter Gertrud von Haldensleben sowie auf katlenburgische und brunonische Herrschafts- und Besitzrechte über seine Gemahlin Richenza von Northeim, können König Heinrich V. wohl kaum veranlasst haben, ihm die Herzogswürde zukommen zu lassen und sich damit seinen größten Widersacher selbst zu schaffen. Aber was diente dann für Heinrich V. als Grund? Vielleicht hatte ihm Lothar bei der Verschwörung gegen seinen Vater Heinrich IV. unterstützt sowie bei der anschließenden Machtergreifung.

Wir wissen es nicht! Was wir wissen ist, dass sich Lothar nach der Süpplingenburg zwischen Elm und Lappwald im Derlingau benannt hat. Diese entstand im 10. Jahrhundert in der sumpfigen Schunter-Niederung; Bauherren waren vermutlich die Grafen von Haldensleben. Durch Heirat fiel die Burg an den Grafen Gebhard, den Vater von Lothar III. Die Wasserburg Süpplingenburg galt als sein Stammsitz. Nahe der Burg führte ein alter Nord-Süd-Handelsweg, der „Salzweg“, vorbei; ab dem 11. Jahrhundert wurde er hier vom Ost-West-Handelsweg von Braunschweig nach Magdeburg gekreuzt. Die Burg hatte also in jener Zeit große strategische Bedeutung. Von der Süpplingenburg sind heute oberirdisch keine baulichen Reste mehr aufzufinden. Um 1875 wurden bis auf die Kirche alle Burggebäude und die Befestigungsmauern abgerissen und der Burggraben zugeschüttet. Heute zeugt nur noch der Ort Süpplingenburg, der nach der Burg benannt wurde, sowie die auf dem ehemaligen Burggelände stehende St. Johannis Kirche von der einstigen Geschichte. Die Reste der kaiserlichen Stammburg befinden sich aber noch im Erdboden, wie 1964 festgestellt wurde.
Abschließend erwähnt werden soll noch, dass Lothars Bruder Thietmar im Jahr 1089 Bischof von Halberstadt war.

Konrad III. *(Geschlecht der Staufer, Herrschaft 1127 – 1152)*

Heinrich der Stolze, Herzog von Bayern und Sachsen, war unter Kaiser Lothar zum mächtigsten Fürsten des Reiches aufgestiegen und galt als dessen designierter Nachfolger. Konrad, Herzog von Franken, kam ihm allerdings zuvor und ließ sich 1138 in Koblenz zum König wählen. Über die genauen Begleitumstände sind sich die Historiker bis heute nicht einig. Konrad III. begründete mit seiner Königswahl eine fast einhundert Jahre währende Königsdynastie der Staufer. Schon kurz nach seinem Herrschaftsantritt geriet Konrad mit Heinrich dem Stolzen, der Oberhaupt der Welfen war, in Konflikt – einem Konflikt zwischen Staufern und Welfen, der fast einhundert Jahre andauern sollte. König Konrad III. verlangte vom Herzog, die sächsische Herzogwürde abzugeben und sich mit dem Herzogtum Bayern zu begnügen, was Heinrich ablehnte. Daraufhin verhängte König Konrad die Acht über Heinrich und entzog ihm beide Herzogtümer. Das Herzogtum Sachsen gab er an Albrecht von Ballenstedt, der als Albrecht der Bär in die Geschichte einging. Albrecht, aus dem Geschlecht der Askanier, das als Gründer des Fürstentums Anhalt gilt, erhielt mit diesem Königsschlag bedeutenden politischen Aufschwung. Albrecht trieb die Reichsausdehnung nach Osten entscheidend voran, unterwarf die Ostmark und fügte sie als Mark Brandenburg ins Heilige Römische Reich (HRR) ein. Nachdem Albrecht, auf Grund seiner Aktivitäten in der Ostmark, auf das Herzogtum Sachsen verzichtet hatte, gab König Konrad es 1142 an den Sohn von Heinrich dem Stolzen, Heinrich den Löwen. Im Jahr

1152 verstarb König Konrad III., ohne die Kaiserwürde erreicht zu haben. Beigesetzt wurde er im Bamberger Dom.

Konrad III. hatte seinen älteren Sohn Konrad zur Nachfolge vorgesehen, der jedoch im Jahr 1150 verstorben war. Seinem jüngeren Sohn Friedrich traute er diese Bürde wohl noch nicht zu und empfahl auf dem Totenbett seinen Neffen, Herzog Friedrich von Schwaben zur Wahl. Dieser wurde schon drei Wochen nach Konrads Tod in Frankfurt a.M. gewählt, was für die Historiker bis heute Anlass zu unterschiedlichen Vermutungen gibt.

Friedrich I. – Barbarossa

(Geschlecht der Staufer, Herrschaft 1152 – 1190)

Das Geburtsjahr sowie der Geburtsort von Friedrich sind nicht belegt (um 1122, vielleicht im Kloster Weingarten bei Altdorf). Gesichert ist, dass er der Sohn des Staufers Friedrich II., des Einäugigen, Herzog von Schwaben und der Welfin Judith, Tochter Heinrichs des Schwarzen von Bayern, war. Somit stammte Friedrich von den beiden im Heiligen Römischen Reich seinerzeit dominierenden, miteinander verfeindeten Adelsgeschlechtern ab.

Das wird auch der Grund gewesen sein, weshalb Friedrich I., der als Barbarossa in die Geschichtsbücher Eingang fand, seine Herrschaft mit dem Versuch begann die beiden Geschlechter zu befrieden. Im Jahr 1153 hielt Friedrich einen Hoftag in Merseburg und 1154 einen solchen in Goslar ab und kehrte damit in sächsisches Kernland zurück. Auf dem Goslarer Hoftag räumte er auch Sachsenherzog Heinrich dem Löwen das Recht ein, in seinem Herzogtum Bischofssitze einzurichten, um mit diesem Zugeständnis den Konflikt zu beenden, was aber nicht gelang.

Im Herbst 1154 macht sich Friedrich mit seinem Heer auf nach Italien, wo er 1155 von Papst Hadrian IV. zum Kaiser gekrönt wurde. Kaiser Friedrich ordnete auch Teile des Reiches neu. So erkannte er 1155 Heinrich dem Löwen das Herzogtum Bayern zu, was bis dato in den Händen der Bamberger lag. Der Bamberger Jasomirgott Herzog von Bayern, behielt die Herzogswürde, musste sich aber in die Markgrafschaft Österreich zurückziehen, was als Grundsteinlegung für die eigenständige Entwicklung Österreichs gilt.

Kaiser Barbarossa – Illustration von Lisa Berg

Heinrich der Löwe unternahm alles, um seinen Machtanspruch zu untermauern und zu festigen. So begann er Braunschweig als seine Residenzstadt auszubauen und betrieb außerdem im strategisch bedeutenden nördlichen Harzvorland Territorialsicherung. Um das Jahr 1166 ließ er den Braunschweiger Löwen sowie die Burg Dankwarderode errichten. Der Braunschweiger Löwe, der Herzog Heinrich seinen Namen einbrachte, ist heute die älteste erhaltene Großplastik des Mittelalters nördlich der Alpen sowie der erste große figürliche Hohlguss seit der Antike. Dankwarderode war gewissermaßen eine Kopie der Kaiserpfalz Goslar und sollte damit wohl Heinrichs Machtansprüche verdeutlichen.

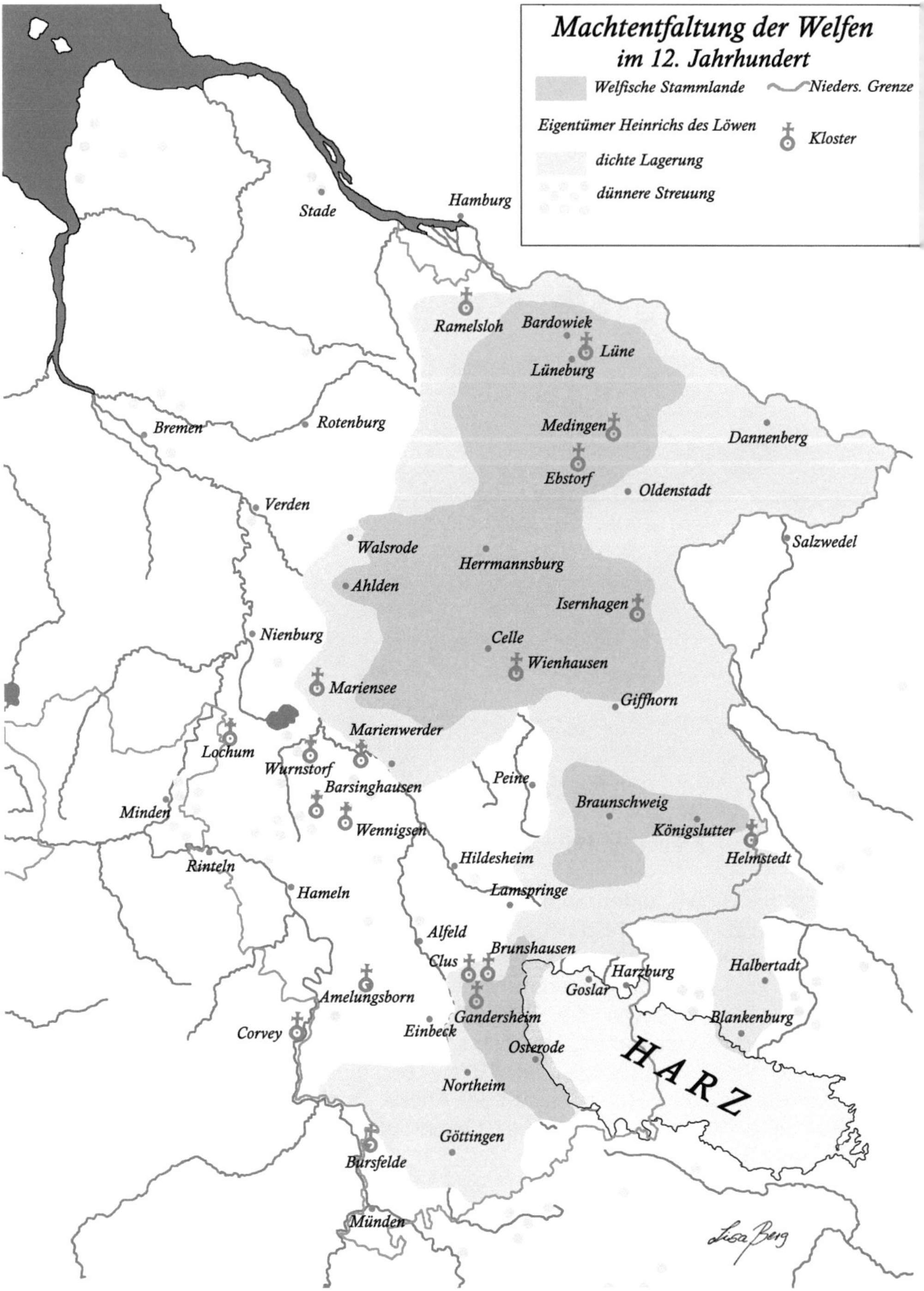
Machtentfaltung der Welfen
im 12. Jahrhundert
Welfische Stammlande
Nieders. Grenze
Eigentümer Heinrichs des Löwen
Kloster
dichte Lagerung
dünnere Streuung
Stade
Hamburg
Ramelsloh
Bardowiek
Lüne
Lüneburg
Bremen
Rotenburg
Medingen
Dannenberg
Ebstorf
Oldenstadt
Verden
Salzwedel
Walsrode
Herrmannsburg
Ahlden
Isernhagen
Nienburg
Celle
Wienhausen
Mariensee
Giffhorn
Marienwerder
Lochum
Wurnstorf
Peine
Barsinghausen
Braunschweig
Minden
Königslutter
Wennigsen
Helmstedt
Rinteln
Hildesheim
Hameln
Lamspringe
Alfeld
Brunshausen
Clus
Harzburg
Halbertadt
Goslar
Amelungsborn
Gandersheim
Blankenburg
Corvey
Einbeck
Osterode
HARZ
Northeim
Göttingen
Bursfelde
Münden
Lisa Berg

Heinrich der Löwe war ein Zeitgenosse, der keinen Streit scheute. Auch mit den Askaniern lag er im Dauerstreit um Besitztümer. Der Kaiser, der versuchte das Reich in ruhigem Fahrwasser zu halten, vermied dagegen den Streit mit den Reichsfürsten. Das führte dazu, dass er auch Heinrich begünstigte, insbesondere nach dem Tod des mächtigen und einflussreichen Albrecht des Bären 1170. Im Jahr 1173 gipfelten diese Streitigkeiten, nachdem sie auf dem Reichstag in Goslar schon als beigelegt angesehen worden waren, in heftigen Kämpfen zwischen kaisertreuen Fürsten und den Askaniern. Diese Kämpfe fanden auf askanischem Gebiet statt und sollen erhebliche Verwüstungen mit sich gebracht haben.

Der Konflikt zwischen Kaiser Friedrich und Herzog Heinrich dem Löwen war nicht erloschen, aber in der Zeit zwischen 1155 und 1175 wohl etwas abgeschwächt. Dann aber trat er auf Grund verschiedener machtpolitischer Differenzen wieder in verschärfter Form zu Tage. Auf dem Hoftag 1179 in Worms klagte der Kaiser Heinrich den Löwen wegen verschiedener Delikte an. Heinrich bestritt aber alles gegen ihn Vorgebrachte und erhob Gegenklage. Ziel seines Angriffs war der Erzbischof von Köln, der einer der engsten Vertrauten des Kaisers war. Es wurde ein Gerichtstermin festgelegt, zu dem Heinrich aber nicht erschien. Im Jahre 1180 wurde daraufhin von der versammelten Fürstenschaft die Reichsacht über Heinrich verhängt. Damit wurden ihm sämtliche Reichslehen entzogen und der Herrschaftsbereich Heinrichs aufgeteilt. Das norddeutsche Gebiet wurde 1181 in die Herzogtümer Westfalen und Sachsen zweigeteilt. Sachsen, inklusive der Harzgebiete, ging an den Askanier Bernhard von Anhalt, einen Sohn Albrechts des Bären. Heinrich akzeptierte das Urteil aber nicht und setzte sich militärisch dagegen zur Wehr. Zuerst wollte er sich den bedeutenden Standort Goslar sichern, doch der Kaiser war ihm zuvorgekommen. Wütend verwüstete er das Vorharzer Umland, zog dann nach Nordthüringen und zerstörte die kaiserlichen Städte Nordhausen und Mühlhausen. Bei Weißensee, im heutigen Landkreis Sömmerda, fand eine erste Schlacht statt, in der Heinrichs unvorbereitete Gegner unterlagen. Der Kaiser und seine Verbündeten unternahmen daraufhin die verschiedensten Schachzüge, um Heinrich abzulenken und zu schwächen.
Im Sommer 1180 hatte Kaiser Friedrich I. dann mit Unterstützung zahlreicher Fürsten ein mächtiges Reichsheer zusammengestellt. Mit diesem zog er von Süden her nach Sachsen, um die Reichsacht zu vollstrecken. Im sächsischen Harzvorland angekommen, eroberte das mächtige Heer zunächst die südwestlich von Braunschweig gelegene Burg Lichtenberg. Danach hielt Friedrich I. im August in seiner Pfalz Werla einen Reichstag ab. Dort stellte er den Anhängern Heinrichs des Löwen ein Ultimatum, sich von ihm zu lösen. Er drohte mit dem Verlust allen Erbes, wenn sie nicht von Heinrich abfielen. Diese Drohung zeigte Wirkung! Immer mehr der Adelsherren ergaben sich Friedrich I.. Das rigorose Vorgehen des Kaisers veranlasste Heinrich zu dem

Versuch, sich zum Alleinherrscher der rechtselbischen Gebiete zu machen. Im sächsischen Kernland links der Elbe blieben ihm nur noch die Stützpunkte Braunschweig, Lüneburg und Haldensleben. Die Festung Haldensleben war ein mächtiges Bollwerk, das zu erobern zuvor immer gescheitert war. Im Jahr 1181 ging Erzbischof Wichmann von Magdeburg mit kaiserlichen Verbündeten gegen Haldensleben vor. Um nicht erneut zu scheitern, griff man zu einer Kriegslist. Die Kaiserlichen bauten einen Staudamm und stauten die Ohre, die die Stadt durchfloss und deren Zufluss, die Beber. Sie setzten so die Stadt unter Wasser, was zu einer zwangsläufigen Aufgabe und Übergabe der Feste führte. Die Burgbesatzung durfte abziehen und die Feste wurde zerstört. Das kaiserliche Heer zog inzwischen von Horneburg (bei Stade) nach Norden und Osten vor und eroberte mit Hilfe der Slawen und Dänen alle strategisch wichtigen Orte, so unter anderem Lübeck, Lüneburg und Braunschweig, wobei die umliegenden Gebiete größtenteils verheert wurden. Im kaiserlichen Auftrag zog Bischof Dietrich von Halberstadt gegen Blankenburg und nahm es erfolgreich ein.

Heinrich der Löwe hatte alles verloren, seine Reichslehen und zuletzt auch die Unterstützung seiner ehemals Getreuen. Damit waren die letzten beiden großen Stammesherzogtümer zerschlagen worden. Heinrich dem Löwen blieb nur die uneingeschränkte Unterwerfung unter Kaiser Friedrich I., was er im November 1181 auf dem Reichstag in Erfurt vollzog. Trotzdem hatte Heinrich noch mächtige Fürsprecher, sodass seine Verbannung auf drei Jahre befristet wurde und er seinen Stammsitz Braunschweig sowie Besitztümer in Ostfalen und Engern behalten konnte. So wurde Heinrich eine Brücke für seine Rückkehr gebaut. Diese feststehende, zeitlich begrenzte Verbannung sowie der Erhalt von Besitz ergaben einen festen Rechtszustand, der Heinrichs Position dennoch erheblich schwächte, da er nun nicht wieder durch Begnadigung Anspruch auf den alten Rechtsstand erheben konnte. Im Jahr 1182 ging Heinrich in die Verbannung zu seinem Schwiegervater König Heinrich II. von England und kehrte dann 1185 in seine Besitzungen nach Braunschweig zurück.

Kaiser Friedrich war zwar einen mächtigen Gegner losgeworden, mit der Übernahme Westfalens durch den Erzbischof von Köln, Philipp von Heinsberg, war ihm aber ein neuer Großfürst im Norden des Reichs erstanden, der dem Kaiser Probleme bereitete, sich aber letztendlich ebenfalls unterwerfen musste.

Im Jahr 1189 brach Kaiser Friedrich Barbarossa von Regensburg zum dritten Kreuzzug Richtung Süden auf. Nach zwei siegreichen Schlachten ertrank Friedrich in der Türkei im Juni 1190 auf ungeklärte Weise im Flusse Saleph. Friedrich I. hatte aus seiner Ehe mit Beatrix von Burgund insgesamt elf Nachkommen.

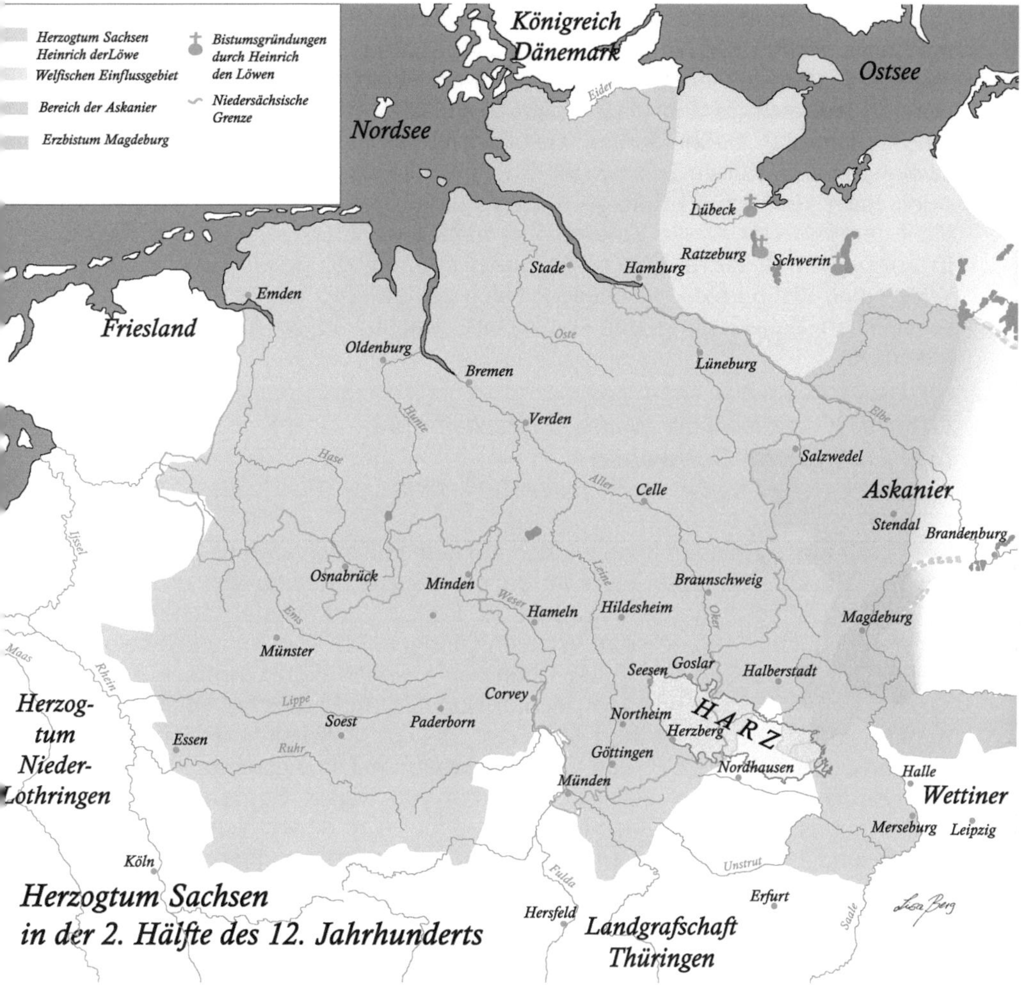

Heinrich VI. *(Geschlecht der Staufer, Herrschaft 1169 – 1197)*

Bereits im Jahr 1169 hatte Friedrich I. seinen Sohn Heinrich VI. zu seinem Nachfolger erkoren und ihn zum deutschen Mitkönig krönen lassen. Nun musste Heinrich in die großen Fußstapfen seines Vaters Friedrich treten, der immerhin achtunddreißig Jahre König gewesen war. Aber Heinrich VI. war inzwischen eigenständig und durch seine Heirat mit Konstanze von Sizilien auch wirtschaftlich unabhängig. Gleich nach dem Tod seines Vaters und seinem eigenen Machtantritt geriet auch Heinrich VI. mit Heinrich dem Löwen in Konflikt. Heinrich VI. erfuhr vom Tod seines Vaters sowie seines Bruders in Augsburg. Von dort brach er dann auch unmittelbar zu einem Italienfeldzug auf und ließ sich im Jahr 1191 zum Kaiser krönen. In seiner kurzen Regierungszeit von nur sieben Jahren, Heinrich verstarb im besten Mannesalter von zweiunddreißig Jahren unerwartet 1197, spielte die Harzregion keine Rolle. Auch hatte Heinrich VI. infolge seines frühen Todes seine Nachfolge noch nicht geregelt. Der zweite Stauferkönig hatte zwar 1195 versucht durch einen Erbreichsplan das Erbe für seine Nachkommen zu sichern, war aber am Widerstand der Fürsten gescheitert. Nach seinem Tod kam es dann zu einer erheblichen Schwächung der staufischen Macht und zu mehreren Reichskrisen.

Otto IV. *(Geschlecht der Welfen, Herrschaft 1198 – 1218)* ***und Philipp von Schwaben*** *(Geschlecht der Staufer, Herrschaft 1198 – 1208)*

Die Großen des Reiches konnten sich auf keinen Kandidaten als neuen König einigen. So kam es dazu, dass im Jahr 1198 zwei Könige von unterschiedlichen Parteigängern gewählt wurden. Die Fraktion der antistaufischen Fürsten wählte am 9.Juni 1198 den erst sechzehnjährigen Otto von Braunschweig zum König. Der Welfe Otto IV., dritter Sohn von Heinrich dem Löwen, wurde „am rechten Ort" in Aachen und von „rechter Hand", dem Erzbischof von Köln, zum König gekrönt. Die staufischen Anhänger, die die Mehrheit im Reich bildeten, wählten ihren Favoriten Philipp von Schwaben im Thüringischen Mühlhausen zum König. Philipp war der jüngste Sohn von Kaiser Barbarossa und der Bruder von Heinrich VI.. Diese Doppelwahl führte zu einem sich zuspitzenden Macht- und Legitimationsstreit, dessen Auseinandersetzungen auch militärischer Art waren und in denen sich zunehmend Philipp durchsetzten konnte. Philipp von Schwaben sollte dann 1208 die Kaiserkrönung erfahren, die die Machtansprüche im HRR geregelt hätten, wurde aber kurz zuvor von dem bayrischen Pfalzgrafen Otto von Wittelsbach ermordet. Damit war die Legimitation für den Welfen Otto endgültig geklärt und er wurde 1209 zum Kaiser gekrönt. Aber es erwuchs ihm schnell ein neuer Konkurrent in dem Staufer Friedrich II., Sohn von Heinrich VI., der König von Sizilien war. Otto versuchte, sich die staufischen Königsgüter anzueignen und besetzte bei seinen diesbezüglichen Kriegszügen in Italien auch Teile des Kirchenstaates, was ihm den Kirchenbann einbrachte. Daraufhin wählte die Fürstenopposition mit Unterstützung des französischen Königs und des Papstes den Staufer Friedrich zum „anderen Kaiser", was den endgültigen Machtverlust von Otto einläutete. Otto zog im Jahr 1213 nach Sachsen, um den abgefallenen Erzbischof Albrecht I. von Magdeburg sowie den Landgrafen von Thüringen zur Rechenschaft zu ziehen. Seine Kämpfe blieben jedoch ohne Erfolg, brachten aber schwere Verwüstungen in der Harzregion mit sich. Otto IV. verlor danach zunehmend an Einfluss und musste sich auf seine Braunschweiger Güter zurückziehen. Am 13. Mai 1218 starb Otto an einer ruhrartigen Infektion auf der Harzburg.

Friedrich II. *(Geschlecht der Staufer, Herrschaft 1211 – 1250)*

Mit dem Tod des Welfen Otto IV. war der junge Staufer Friedrich II. unangefochtener König und erhielt im Jahr 1219 von den Welfen auch die Reichsinsignien. Friedrich II. sollte der letzte König des Hochmittelalters sein, denn er hatte eine lange Regierungszeit vor sich, die bis 1250 andauern sollte. Friedrich II., in Italien aufgewachsen, sprach mehrere Sprachen und galt als hochgebildet und vielseitig interessiert. Der im Jahr 1220 zum Kaiser gekrönte Friedrich wurde daher von seinen Zeitgenossen „stupor mundi“ – das „Staunen der Welt“ – genannt. Wohl auf Grund seiner italienischen Herkunft spielte für Friedrich II. die Harzregion keine bedeutende Rolle. Friedrich hatte das Ziel, mit intellektuellen und somit modern anmutenden Mitteln und Strategien das Reich wieder zu einen und zu befrieden, was ihm aber nicht wirklich gelang. Neben dem Papst und italienischen Fürsten und Edelleuten erwuchsen ihm auch in Deutschland mit zunehmender Amtszeit neue Feinde. Da seine Regierungsstrategie auch die Versöhnung mit den Welfen beinhaltete, machte er Otto von Lüneburg auf dem Reichstag 1235 zum Reichsfürsten und rief dadurch das Herzogtum Braunschweig-Lüneburg ins Leben. Ab etwa 1245 entglitt Friedrich Deutschland zunehmend und auch seinem Sohn Konrad, der vornehmlich in Deutschland agierte, gelang es nicht, die Position der Staufer zu festigen. Auf dem Weg zum Papst verstarb Friedrich II. 1250 im Alter von fünfundfünfzig Jahren in Apulien.

Die Askanier – ein Versuch ihre Abstammung zu klären

Das Geschlecht des Markgrafen Gero I. war sowohl mit den Ottonen wie auch mit den Billingern verwandtschaftlich verbunden, wie ich bereits aufgezeigt habe.

In der Mitte des 10. Jahrhunderts lebte Hodo I., Markgraf der Mark Lausitz und Graf im Nordthüringengau. Jener Hodo I. ist eine Schlüsselfigur in der Genealogie der späteren Askanier.

Geboren um das Jahr 930, ist seine Abstammung nicht zweifelsfrei geklärt. Es gibt Annahmen, dass Hodo der Sohn von Markgraf Thietmar I. war. Diese Annahme lehne ich ab, denn Thietmar wurde wohl erst um 920 geboren. Andere Annahmen besagen, dass Hodo der Sohn von Markgraf Gero I. war. Auch dies halte ich für unwahrscheinlich. – Nicht weil von Gero nur die zwei Söhne Siegfried und Gero überliefert sind, die früh starben – sondern, weil er sicherlich nicht das Stift Gernrode zur Versorgung seiner einzigen Schwiegertochter

Hathui gegründet hätte, wäre da noch ein dritter Sohn gewesen. Bleibt also Legat Siegfried, Graf von Merseburg und Geros Bruder.
Legat Siegfried war eng mit König Heinrich I. verbunden und gründete zusammen mit seiner Frau Guthie im Jahr 936 das Kloster Gröningen nördlich von Halberstadt. Die Herkunft von Siegfrieds Gemahlin ist mir nicht bekannt. Da es aus verschiedenen Quellen als erwiesen gilt, dass Hodo I. aus der „Gero-Sippe" stammt, kann die Abstammung von Hodo I. als Sohn von Siegfried von Merseburg als wahrscheinlichste Annahme gelten. Markgraf Hodo I. war somit der Cousin von Kaiser Otto I. und als naher Verwandter wurde er auch zum Erzieher von Ottos einzigem Sohn Otto II. Verheiratet war Hodo mit Frederuno, die als Tochter des Markgrafen Christian von Serimunt aus dem Geschlecht der Billunger gilt. Hodo starb 993 und seine Frau 1015, das Paar hatte drei Kinder: Siegfried, Hidda und Alfrinius. Sohn Siegfried starb früh und Alfrinius wurde Mönch in Corvey. Hidda wurde daher Alleinerbin des Hodo. Ihr Geburtsjahr ist nicht bekannt, gleiches gilt für den Namen ihres Ehemanns, dem die Historik den Namen Adelbert I., Graf von Ballenstedt, gegeben hat. Markgraf Hodo I. war sehr begütert und „berühmt", wie Thietmar von Merseburg angibt. Daher ist nicht anzunehmen, dass er seine Tochter und Alleinerbin Hidda einem relativ „kleinen Adligen" zur Frau gegeben hätte.
Überliefert ist, dass Esico ein Sohn der Hidda war. Hidda und „Adelbert" hatten fünf Kinder, von denen aber nur Esico im Annalista Saxo genannt wird. Adelbert war Vogt von Hagenrode (Alexisbad) und Nienburg; es wird angenommen, dass er aus fränkischem Adel stammte, der sich um 568 im sogenannten Schwabengau angesiedelt hatte. Mit Adelbert endet die unsichere Stammreihe der Askanier.
Daher wird der um 1000 geborene Graf Esico von Ballenstedt und Aschersleben auch als der Stammvater der Askanier bezeichnet. Der Name der Askanier geht allerdings auf eine mittelalterliche lateinische Namensvariante der Burg Aschersleben zurück, die zu den Allodialgütern der Sippe gehörte und die ihnen als Gerichtsort diente. Wie schon bei seinen Eltern, so ist auch bei Esico aus keiner zeitgenössischen Quelle die Bezeichnung „Graf von Ballenstedt" zu belegen. Graf Esico hatte eine Schwester Uta, die mit Markgraf Ekkehard II. von Meißen vermählt war. Uta und Esico gelten als Stifter des Naumburger Doms. Als Mitstifterin wurde ihr die Plastik Uta von Naumburg, eine von zwölf Stifterfiguren, neben der Figur ihres Ehegatten im Westchor des Doms gewidmet. Angenommen wird auch, dass Hazecha eine Schwester von Esico und Uta war, die um 1044 zur Äbtissin des Stifts in Gernrode gewählt wurde. Uta, die 1046 starb, vermachte die Hälfte ihrer Mitgift an dieses Stift.
Graf Esico heiratete mit Mathilde von Schwaben die Schwägerin von Kaiser Konrad II. und Schwester von Kaiserin Gisela von Schwaben. Durch Lehen sowie Erbe der Gemahlin war Esico Graf des Schwabengaues, Harzgaues, Hardagaues, des Nordthüringgaues und des Gaues Serimunt sowie Vogt von

Hagenrode (bei Alexisbad) und Nienburg – einem Gebiet also, das zu Teilen dem späteren Land Anhalt entspricht.
Er gründete ein Kollegiatstift auf der Burg in Ballenstedt, bei dessen Kircheneinweihung am 10. Juni 1046 Kaiser Heinrich III. anwesend war. Esico starb um 1060, seine Frau bereits 1032; aus der Ehe gingen folgende Kinder hervor: Otto, Adelbert und Adelheid.
Nachfolger und Erbe von Graf Esico wurde Adelbert II. Graf von Ballenstedt, der um 1030 geboren wurde. Adelbert wird erstmals 1033 erwähnt, 1069 auch als Graf im Nordthüringengau sowie später in den Gauen Nizizi und Serimunt. Adelbert II. war mit Adelheid, der Erbtochter des Grafen Otto I. von Weimar-Orlamünde verheiratet; dieser Ehe entsprangen zwei Kinder: Otto und Siegfried. Adelbert beteiligte sich am Aufstand der Sachsen im Jahr 1072 unter Otto II. von Northeim gegen König Heinrich IV., wobei er angeblich in Gefangenschaft geraten sein soll. Um 1080 tötete Egeno II. von Konradsburg den Adalbert II. bei Westdorf nahe Aschersleben. Über die Gründe für diesen Mord gibt es nur Vermutungen. Diese führen politische Gründe an oder, dass Egeno sich während Adalberts Gefangenschaft askanischen Besitz angeeignet hatte und die beiden deshalb in Fehde gerieten. Ihren Stammsitz, die Konradsburg, mussten die Konradsburger als Sühne für die Mordtat in ein Benediktinerkloster umwandeln. Einer Legende nach erinnert das Steinkreuz Westdorf an die Tat. Graf Adelberts Ehefrau Adelheid war zum Zeitpunkt seines Todes erst etwa fünfundzwanzig Jahre alt. Sie heiratete wenig später, im Jahr 1080, den Pfalzgrafen Hermann II. von Lothringen, der jedoch bereits fünf Jahre später in einem Zweikampf fiel. In dritter Ehe heiratete Adelheid Heinrich II. von Gleiberg-Luxemburg, der, da diese Ehe kinderlos blieb, Adelheids jüngsten Sohn aus erster Ehe, Siegfried von Ballenstedt, adoptierte. Dieser wurde nach dem Tod Heinrichs 1099 sein Nachfolger als Pfalzgraf bei Rhein. Der älteste Sohn von Adelbert II., Otto der Reiche, wurde nach dem Tod seines Vaters dessen Erbe und Nachfolger. Er wurde Graf von Ballenstedt, Graf von Anhalt und ab 1112 Herzog von Sachsen.

Der Sachsenspiegel

Die Bibel, „Das Buch der Bücher", ist eine Urkunde des Christentums und Handlungs- und Verhaltensanweisung für alle Christen. Sie ist eine redaktionelle Zusammenstellung von Schriften, Überlieferungen und Erfahrungen aus einem Kulturzeitraum von weit über zweitausend Jahren.

Eine vergleichbare Urkunde sowie Handlungs- und Verhaltensanweisung auf juristischem Gebiet, für die deutschen Völker des Mittelalters, stellt der „Sachsenspiegel" dar. Er ist das erste deutsche überlieferte Rechtsbuch. Sein Verfasser war Eike von Repgow (es gibt verschiedene Schreibweisen). Repgow entstammte einem sächsischen Rittergeschlecht, das auf Gut Reppichau seinen Stammsitz hatte und von welchem auch der Familienname abgeleitet wurde. Dieses Rittergut lag südöstlich von Aken, zwischen Köthen und Dessau.

Gedenktafel auf Burg Falkenstein
(eigenes Archiv)

Über der Kindheit und Jugend von Repgow liegt Dunkelheit, es gibt nur Vermutungen. Nicht einmal sein Geburtsjahr kennen wir, es soll zwischen den Jahren 1180 und 1190 liegen. Gesichert ist, dass der junge Eike eine gute und umfassende Bildung genossen hat, die auf Grund seiner Kenntnisse in Latein und Bibelkunde kirchlichen Schulen zugesprochen wird. Auch wird angenommen, dass Repgow Jura studiert hat und dann das Deutsche Reich bereiste, um Erfahrungen in den einzelnen Gauen zu sammeln.

Es war eine unsichere Zeit, auch Walther von der Vogelweide, von dem man annimmt, dass er Repgow gut kannte, schrieb in einem Minnelied: „Gewalt fährt auf den Straßen, und Fried und Recht sind sehr wund...“. Vielleicht waren Repgows Erlebnisse und Erfahrungen Auslöser für den Gedanken, ein einheitliches Rechtsbuch zu verfassen. Auf jeden Fall muss er ein außergewöhnlicher junger Mann gewesen sein, denn der kleine Edelmann vom Lande kam mit vielen bedeutenden Persönlichkeiten im Reich zusammen, wie zum Beispiel König Philipp von Schwaben, Fürst Heinrich von Anhalt und Markgraf Dietrich von Meißen. Repgow war bei vielen wichtigen Rechtsbeschlüssen dabei. Seine Anwesenheit auf einigen Things ist beurkundet worden.

Burg Falkenstein – Zeichnung von Lisa Berg

Während dieser Reisen, häufig im Gefolge adliger Herren, hat Repgow wohl auch Graf Hoyer von Falkenstein kennengelernt. Der Graf war Burgherr auf Burg Falkenstein, im schönen Selketal. Beide verband fortan eine Freundschaft, die dazu führte, dass der Graf den Ritter Eike als Dauergast auf seine Feste lud. Eike von Repgow hatte so die Muße, sein Vorhaben eines einheitlichen Rechtsbuches in die Tat umzusetzen.
Ein wahrhaft schwieriges Unterfangen! Es gab kein einheitliches Reichsrecht, die Volksstämme – Sachsen, Schwaben, Franken und so weiter – wiesen ein weit auseinanderklaffendes Gefüge von Rechten, Pflichten, Bräuchen und Traditionen auf. Eike versuchte diese Gemengelage nach Möglichkeit auszugleichen und für alle Völker und alle Volksschichten eine akzeptable, einheitliche Rechtslage zu schaffen. Dabei ließ er geistliches Recht außer Betracht und beschränkte sich auf weltliche Normen und Regeln. Trotzdem war sein Vorhaben für die damalige Zeit eine gewaltige und hochkomplizierte Aufgabe. Sicherlich kann davon ausgegangen werden, dass sein Gastgeber und Freund ihn tatkräftig unterstützte und er auch gelehrte Assistenten zur Seite hatte. Und auch, dass die Herrscher im Reich ein ernstzunehmendes Interesse an Eikes Arbeit hatten. Wie wäre es sonst zu erklären, dass ein Ritter und ein Graf dem „Sachsenspiegel“ genannten Rechtsbuch auf diese Weise zum „Durchbruch“ verhelfen konnten?
Zunächst schrieb Repgow sein Werk in Latein, dann noch in seiner Muttersprache Niederdeutsch. Der „Sachsenspiegel“ stellt ein Konvolut verschiedener Genres aus Lyrik und Prosa, aber auch aus biografischen und wissenschaftlichen Elementen dar. Entstanden zwischen den Jahren 1220 und 1240 auf Burg Falkenstein, entwickelte sich der „Sassen Speyghel“ schnell zum „Bestseller“ und wurde zum „Klassiker“. Er leitete eine Entwicklung ein, die der Adel sicherlich nicht gewollt hatte, nämlich die Neu- und Umgestaltung der eher geringen bürgerlichen Rechte in den aufblühenden Städten.
Eine Vorreiterrolle spielte dabei die Stadt Magdeburg, deren errungenes freibürgerliches Recht weit ins Deutsche Reich und weiter nach Osten ausstrahlte. Besonders aber in der Harzregion (Goslar, Halberstadt, Osterwieck, Wernigerode, Aschersleben, Quedlinburg, Nordhausen) entstanden neue Stadtrechte. Es begründete sich eine neue bürgerliche Freiheit, die in den Rolandsbildern Symbol und Wahrzeichen fand. Eike von Repgow schuf mit seinem Sachsenspiegel ein epochales Werk. Ob er sich dessen bewusst war und ob er die Verbreitung seines Werkes noch erlebte, wissen wir nicht. Im Jahr 1233 verliert sich seine Spur.

Aber, dass er edel und dankbar war, hat er uns mit der Reimvorrede seines Werkes hinterlassen, in der er seinem Gastgeber und Freund, Graf Hoyer, seinen Dank kundtat:

„Nu dankit al gemeine deme von Valkensteine,
Der greve Hoyer ist genant,
daz an dutz (deutsch) ist gewant
Diz buch durch sine bete: Eike von Rypchow ez tete,
Ungerne her es abir ane quam, (ungern er daran ging)
do her abir vernam
So grosz dar zu des herren gere (Wunsch)
Do en hatte her keine were; (konnte er sich nicht wehren)
Des herren libe in gar verwan,
daz her des buches began,
Dez im waz vil ungedacht, (woran man nicht dachte)
Do herz hatte in latin bracht.
Ane hulfe unde ane lere;
Do duchte (dünkte) in daz zu swere,
Daz herz an dutz wante.
Zu letzt her doch genante (wagte sich)
Der arbeit unde tete
Greven Hoyers bete."

Der folgende Abschnitt soll sich dem Inhalt von Eikes bedeutendem Rechtsbuch widmen. Es entstand im Hochmittelalter, einer Epoche, in der das ursprüngliche Recht der einzelnen germanischen Stämme zu zerbröseln begann. Schon allein durch die Fülle von Landes- und Ortsrechten fiel es den deutschen Herrschern schwer, das zersplitterte Reich zu ordnen. Dazu kam der ständige Herrschafts- und Rechtsanspruch des Klerus.

Repgow erkannte wohl dieses gesellschaftliche Defizit, konnte es aber nicht auflösen. Daher legte er von Anfang an Wert auf eine Abgrenzung zum allgegenwärtigen Kirchenrecht. Dies tat er, indem er gleich eingangs hervorhebt, dass dem Papst nur das christliche Schwert, dem König aber dagegen das weltliche zu führen gebühre. Diese Abgrenzung christlicher und weltlicher Machtsphäre ist eindeutig, was Repgow natürlich in kirchlichen Kreisen viele Anfeindungen eingebracht hat. Trotzdem war für ihn unstrittig, dass die Obrigkeit von Gott eingesetzt war. So beginnt Repgows Sachsenspiegel mit dem tiefgründigen Gedanken: „ Got, der da ist, begin und ende aller dinge...".

Der „Sachsenspiegel" ist kein Gesetzbuch nach unseren Vorstellungen. Paragrafen und Durchführungsbestimmungen waren noch nicht erfunden. Repgow hatte sich nur die Aufgabe gestellt, geltendes Gewohnheitsrecht aufzuschreiben und dabei unterschiedlichste Befindlichkeiten unter einen Hut zu bekommen. Dass er damit unbewusst neues Recht schuf war ihm nicht bewusst. Im Wesentlichen umfasst sein Werk zwei Rechtsbereiche, das Landrecht und das Lehnsrecht.

Auszug aus dem Sachsenspiegel
(eigenes Archiv)

Einen besonderen Schwerpunkt legte er auf das Landrecht. Es umfasste das Recht aller Freien und regelte das tägliche Leben, aber auch das Strafrecht und die Rechtsprechung. Besonders ausführlich ließ er sich auf die rechtliche Lage zwischen Mann und Frau ein. Er fixierte die rechtliche Stellung der Frau in allen Ebenen und engte sie damit stark ein.

Was bisher Tradition war, wurde jetzt niedergeschrieben, es wurde zum Recht, und so galt es bis in die Neuzeit.

Das Lehnsrecht regelte die Verhältnisse zwischen den Ständen. In diesem Kapitel wandte sich Repgow auch ausführlich dem damit in Zusammenhang stehenden Zins- und Abgaberecht zu. So fixierte er alle „Zinstermine", die nach alter Tradition an bestimmten Tagen fällig waren, wie zum Beispiel: St. Walpurgistag (30. April) Lämmerzins; St. Urbanstag (25. Mai) Wein- und Baumzins; St. Johannistag (24. Juni) Fleischzins; St. Margaretentag (20. Juli) Kornzins; St. Martinstag (11. November) Gänse- und Geflügelzins und so weiter.
Auch dem Bauerntum sowie dem in engem Zusammenhang stehenden Jagd- und Forstrecht widmete er sich ausführlich. Somit kann resümiert werden: Repgow hat mit seinem „Sachsenspiegel" wesentliche Rechtsfragen des täglichen Lebens aufgeschrieben, erläutert und somit verankert. Aber er hat in seinem Werk auch einige Rechtsgebiete, sicherlich in voller Absicht, weggelassen. Dem Dienstrecht und Hofrecht hat er sich zum Beispiel nicht zugewandt.
Eike von Repgow und sein Förderer und Unterstützer Graf Hoyer von Falkenstein haben auf der idyllischen Burg Falkenstein Rechtsgeschichte geschrieben, die das gesamte Heilige Römische Reich Deutscher Nation über Jahrhunderte prägen sollte. Heute sind vom „Sachsenspiegel" noch vier, zum Teil vergoldete, Bilderhandschriften überliefert, die nach ihren Aufbewahrungsorten als: „Wolfenbütteler", „Oldenburger", „Dresdner" und „Heidelberger" bezeichnet werden sowie mehrere hundert Handschriften und Fragmente. Ob sich dabei ein Original befindet, oder ob alles Abschriften sind, ist unklar und deswegen strittig.

Aber wir dürfen Eike von Repgow nicht allein auf seinen „Sachsenspiegel" reduzieren, denn er war auch ein bedeutender Geschichtsschreiber. Vermutlich ebenfalls auf der Harzer Burg Falkenstein hat er seine „Sächsische Weltchronik" verfasst.

Vom Bergbau im Früh- und Hochmittelalter

Wie ich schon in meinem Kapitel „Harzer Bergbau und Montanarchäologie“ in Band 1 erläutert habe, ist der Bergbau in der Harzregion wesentlich älter als noch vor wenigen Jahrzenten angenommen wurde. Daher finden wir, besonders abseits der Wanderwege, zahlreiche Schlackenhalden. Wie viele es sind, darüber kann nur spekuliert werden, aber sicherlich bewegt sich ihre Zahl im vierstelligen Bereich. Waren dort Schmelzhütten? Nein, es waren saisonale mittelalterliche Schmelzplätze, an denen Erze verschmolzen wurden. Es sind die Spuren der Rennfeuer für die Eisengewinnung und der Schmelzstätten zur Blei-, Kupfer- und Silbergewinnung.

Die Schmelzplätze für Kupfer sind noch heute eindeutig zu identifizieren und sie sind Wegweiser des mittelalterlichen Bergbaus – wo Schlackenhalden aufzufinden sind, da wurde in der Nähe auch Bergbau betrieben. Aber warum ist das so? Unsere Vorfahren im Mittelalter hatten schon vielfältige technologische Möglichkeiten und Kenntnisse für einen Aufschluss der gewonnenen Erze, wie die Wissenschaft heute über den Bergbau des „Alten Mannes“ regelmäßig neu erkennen muss. Die Abfälle dieser Schmelzhütten wurden in unmittelbarer Nähe der Schmelzplätze abgelagert, denn Transporte waren aufwendig und teuer. Diese Schmelzabfälle – Schlacken – weisen noch heute nennenswerte Schwermetallgehalte auf, und diese wirken auf Pflanzen toxisch. Aus diesem Grund sind die Kupfer-Schlackenhalden oftmals seit dem Mittelalter fast vegetationsfrei geblieben und auf diese Weise leicht identifizierbar. Die montanarchäologischen Hinterlassenschaften anderer Erzgruben und Verhüttungsplätze hat sich heute allerdings die Natur zurückerobert.

Die Schlackenhalden sind montanarchäologische Denkmäler und haben auch eine über die Geschichtswissenschaften hinausreichende Bedeutung – als Spezialbiotop im modernen Naturschutz. Denn nur eine hochspezialisierte und somit seltene Flora aus schwermetalltoleranten Arten kann die Halden besiedeln. Diese erobert den im Allgemeinen lebensfeindlichen Raum in einer bestimmten Abfolge. Zuerst kommen als „Pioniere“ spezialisierte Flechten, deren abgestorbene Pflanzenreste beginnen zwischen den Schlacken Humus zu bilden und Flugerden zu binden. Darauf können Strauchflechten und Moose wachsen und deren Ablagerungen bilden weiteres organisches Material zwischen den Haldenspalten. In der dritten Stufe, die sich über sehr lange Zeiträume (Jahrhunderte) hinziehen kann, wird so viel organisches Substrat angesammelt, dass darauf spezialisierte Gräser und krautige Pflanzen gedeihen können; es bildet sich der typische Schwermetallrasen, der heute nur noch äußerst selten vorkommt. Es folgt die vierte Stufe – infolge den Schwermetallrasen bildet sich eine dicke Humusschicht, die ständig wächst und allmählich auch Wuchsmöglichkeiten für Gehölze bietet. Die Haldenvegetation passt sich dann langsam der Umgebungsvegetation an. Typische Pflanzen dieser Harzer Schlackenhalden sind: Krustenflechte, Strauchflechte, Rentierflechte, Hallers Grasnelke, Kupferblümchen, Hallers Schaumkresse, Taubenkropf-Leimkraut und Heidekraut. Aber auch Aerosole in Form von organischen und anorganischen Schwebeteilchen sowie eine Vielzahl anderer Umwelteinflüsse spielen bei der Bildung dieses Spezialbiotops eine Rolle.

Wann die „planmäßigen" Bergbauaktivitäten im Mittelalter begannen ist höchst umstritten. Auch woher die Menschen im Mittelalter ihr diesbezügliches Wissen hatten, ist zu weiten Teilen noch unklar. Haben sie durch eigenes Tun Erkenntnisse gewonnen oder waren es Fremde aus anderen Kulturen, die ihnen Wissen weitergaben? Wir wissen es nicht. Nachdem sich in den letzten Jahrzehnten die Spezialdisziplin der Montanarchäologie herausgebildet hat, werden rund um den Harz in regelmäßigen Abständen neue Wirkungsstätten des „Alten Mannes" entdeckt. So wurden erst im Frühjahr 2012 am Bergbaulehrpfad in Elbingerode bei Bauarbeiten zwei Verhüttungsplätze freigelegt, deren Alter auf etwa 1 200 Jahre geschätzt wird.

Nach heutigen Erkenntnissen konzentrieren sich anfangs die Bergbauaktivitäten auf den West- und Mittelharz. Da im Unterharz schon im 8./9. Jahrhundert eine bäuerliche Kolonisation eingesetzt hatte, sind die Zusammenhänge zwischen mittelalterlicher Besiedlung und Bergbau nicht so eindeutig wie im Westharz und auf der Hochharzfläche. Die Einrichtung von Münzstätten in Harzgerode und Hasselfelde im 11. Jahrhundert könnte mit bedeutendem Silberbergbau in der näheren Umgebung in Zusammenhang stehen.

Schriftliche Überlieferungen aus jener Zeit des Frühmittelalters gibt es kaum. Für das Hochmittelalter wird das Jahr 946/948, unter Kaiser Otto I., genannt und mit dem Beginn des Bergbaus in Goslar am Rammelsberg in Verbindung gebracht. Das ist aber wohl mehr eine Sage als eine verlässliche geschichtliche Aussage. Überliefert ist aus alten Quellen, dass unter Kaiser Heinrich II. im Jahre 1006 der Bergbau am Rammelsberg zum Erliegen gekommen ist. „Wegen einer großen Hungersnot und darauf folgenden schrecklichen Pest", wie es dort heißt, was allerding von der Fachwelt in Zweifel gezogen wird. Zehn Jahre soll der Bergbau darnieder gelegen haben. Weiter heißt es, dass der Bergbau dann für neunzig Jahre reiche Ausbeute lieferte, bevor er unter Heinrich IV. wieder für sechs Jahre zum Erliegen kam. Schuld daran sollen die unruhigen Zeiten, die Sachsenkriege, gewesen sein. Unter Heinrich V. soll der Bergbau dann wieder aufgenommen worden sein und es folgte eine siebzigjährige Bauperiode, bis zu Heinrich dem Löwen, in der Bergbau und Hüttenwesen vorangetrieben wurden.

Es wird bei diesen geschichtlichen Überlieferungen immer nur von Goslar berichtet. Sicher weil es mit seiner Königspfalz prädestiniert war für die damalige „Berichterstattung“. Es kann aber wohl davon ausgegangen werden, dass sich die genannten Fakten auf zahlreiche Bergbaugebiete in der Harzregion bezogen, zumindest aber für Regionen, die Königsgut waren. Zur damaligen Zeit hatte Goslar seine glanzvollsten Tage. Auf dem Reichstag, den der Stauferkaiser Friedrich I. dort im Jahr 1154 abhielt, soll die Stadt 40 000 Gäste gesehen haben.

Bis in jene Zeit hatte allein der König das Recht Bergbau zu betreiben. Im Jahr 1157 allerdings belehnte Kaiser Friedrich I. das Stift Simon und Judä und das St. Petersstift in Goslar sowie die Abtei in Walkenried mit den Bergwerken am Rammelsberg. In den militärischen Auseinandersetzungen zwischen Kaiser Friedrich Barbarossa und Herzog Heinrich dem Löwen im letzten Viertel des 12. Jahrhunderts, wurden die Gruben und die Schmelzhütten wiederholt zerstört, was erneut zum völligen Erliegen des Bergbaus führte. Ein Teil der Bergleute wanderte in andere Regionen ab, ein anderer, unter Führung des Bergvogtes Hermann von der Gowische, zog ins Erzgebirge und gründete die Stadt Freiberg. Andere zogen auf eigene Faust ins Gebirge, um nach Erzen zu suchen. Nach Beendigung des Streites zwischen Staufer und Welfen fehlten dann die Bergleute zur Wiederaufnahme des Bergbaus.

Obwohl nicht überliefert, ist anzunehmen, dass spätestens zu Beginn des 13. Jahrhunderts in vielen Regionen des Harzes der Bergbau zu erblühen begann. Es wurde gezielt prospektiert und besonders auf Bergkuppen wurde man fündig, da dort die Erzlagerstätten durch Erosion freigelegt und somit frei zugänglich waren. Häufig sind die Erze gleich an Ort und Stelle verhüttet worden, aber auch längere Transportwege sind heute nachgewiesen. Diese Verhüttungsabläufe waren, unter Berücksichtigung der technischen und technologischen Möglichkeiten jener Zeit, bereits hochspezialisiert und wurden ständig weiter entwickelt. So wurde oftmals an Stellen, an denen starker Luftzug herrschte, ein Graben ausgehoben. Der Boden wurde dann mit Lehm ausgestampft und mit einer Schicht aus Holz und Holzkohle bedeckt. Darauf kam eine Lage Erz, diese wurde wieder mit Holz und Holzkohle bedeckt. Bei starkem Wind wurde dann die Holz-Holzkohle-Beschichtung in Brand gesetzt. Mit dieser einfachen Schmelztechnologie konnte man schon recht hohe Temperaturen bis 1 300 Grad C erzielen. Die Verhüttungsergebnisse waren natürlich nicht mit denen der Neuzeit zu vergleichen. Aber kontinuierlich wurden neue Erkenntnisse in die Abläufe integriert und neue Erfindungen trugen zur Effizienz- und Qualitätssteigerung bei. Mit dem Einsatz von Wasserkraft für den Antrieb von Blasebälgen im späten Hochmittelalter und dem allmählichen Übergang zum Tiefbau begann technik- und umweltgeschichtlich ein neues

Zeitalter. Die leistungsfähigeren Stück- beziehungsweise. Schachtöfen wurden von den Hochflächen in die Täler verlegt und das natürliche Abflussregime von Flüssen zunehmend durch wasserbauliche Maßnahmen verändert. Der größere Holzbedarf und die Schädigungen durch Hüttenabgase beziehungsweise schwermetallhaltige Stäube führten in einigen Regionen erstmals zu großflächigen Degradationserscheinungen der umliegenden Waldvegetation.

Mit der Vergabe von Bergbaurechten durch den König, änderte sich auch bei Bergbau und Verhüttung einiges. Am Rammelsberg hatten zum Beispiel neben den drei genannten Stiften auch noch die Stadt Goslar sowie verschiedene Adelsgeschlechter Anteile am Bergbauertrag. Durch diese Gemengelage wurden die Erze nicht zentral verschmolzen, sondern jeder Part bekam seinen Anteil ausgeliefert. Den musste er dann dort verhütten, wo für ihn die Betriebsstoffe Holz, Holzkohle und Wasser zur Verfügung standen. Da der eigentliche Bergbau selbst auch Unmengen an Holz verschlang, waren die Bergbaugebiete schnell entwaldet. Die Wege zur Verhüttung wurden somit weiter und weiter. So wurden dann beispielsweise die Erze der Walkenrieder von Goslar auf besonderen Wegen über den Harz nach Walkenried befördert. Diese Erzwege findet man noch auf älteren Forstkarten.

Urkundlich werden Eisenhütten im Harz erstmalig im Jahr 1188 erwähnt. Damals bestätigte Kaiser Friedrich Barbarossa dem Kloster Walkenried die „Eisenhütten im Harzwalde“, von denen die zu Hohegeiß und bei Zorge besonders erwähnt werden. Im Jahr 1203 wurde am Wurmberg an der Kalten Bode Eisenerz gewonnen, das bei Braunlage verhüttet wurde. Auch die Hütten bei Tanne und bei Wieda sowie die Buntmetallhütten im Brunnenbachtal bei Braunlage, werden früh erwähnt - sie gehören zu den ältesten im Harz.

Erstmals über das bergbauliche Geschehen in der Umgebung des Unterharzes berichte Cyriakus Spangenberg in der Sächsischen Chronika, die aus der zweiten Hälfte des 16. Jahrhunderts stammt. Spangenberg und auch Johannes Beckmann berichten, dass Kaiser Lothar von Süpplingenburg um 1130 nach Gernrode gekommen ist, um dem „Bleibergwerke, so dazumal reich daselbst gewesen“, besondere Freiheiten zu verleihen. Dieses Bleibergwerk muss dementsprechend damals schon von längerem Bestand gewesen sein. Wo dieses Bergwerk tatsächlich gelegen hat ist unbekannt, auf jeden Fall aber am Osterberg. Mit dem Blei, das dort gewonnen wurde, sollen die Bleidächer der Kirchen in Halberstadt sowie anderen Orten in der Umgebung gedeckt worden sein. Zuvor soll es aber bereits eine frühere Periode gegeben haben, die bis 1104 angedauert haben soll und in der eine Grube namens „Güldener Bär“ existiert haben soll. Auch diese Grube ist bisher nicht lokalisiert.

Abschließend zu diesem Kapitel, in dem ich nur einen kleinen Einblick über die betreffende Zeit geben kann, möchte ich noch auf folgendes verweisen: An den Lokalitäten, an denen Bergbau betrieben wurde, bildeten sich schnell Siedlungen aus denen Dörfer und Städte entstanden. Nachdem das Reichsgebiet zunehmend zergliedert wurde und die zentralistische Macht des Königs mehr und mehr schwand, dafür sich aber die Harzer Grafschaften herausbildeten und untereinander in Konkurrenz gerieten, wurden ab etwa 1200 Burganlagen errichtet, um die Bergwerke und auch die Transportwege des Erzes zu schützen. Aber nicht nur die weltlichen Mächte trieben diese Entwicklung voran, auch der Klerus hatte nicht unerheblichen Anteil daran, denn die Erze des Harzes waren eine entscheidende Machtgrundlage des Hochmittelalters.

Von den Mundarten in der Harzregion

Lange habe ich überlegt, in welchen Zeitabschnitt dieser Beitrag am besten passt. Eigentlich in keinen – oder in alle, die die menschliche Entwicklung betreffen – denn unsere Sprache hat sich über lange Zeit, über viele Geschichtsepochen, entwickelt.

Das Wort (Glottonym = der Name der verwendeten Sprache) „deutsch“ bildete sich aus dem germanischen Wort *thioda* („Volk“, Adjektiv thiodisk, „diutschiu“) heraus. Es bedeutet so viel wie „zum Volk gehörig“ und entwickelte sich zu einer Bezeichnung für die Sprache der germanischen Stämme Mitteleuropas, die im Gegensatz zur Sprache der angrenzenden romanischen Bevölkerung und zum Latein stand. Deutsch ist eine Sprache der germanischen Sprachgruppe und gehört damit entwicklungsgeschichtlich zur indogermanischen Sprachfamilie. Es wird angenommen, dass sich im ersten Jahrtausend v. Chr. aus dieser indogermanischen Sprache die germanische Ursprache heraus zu bilden begann. Mit der sogenannten germanischen Lautverschiebung, die nach wissenschaftlichen Erkenntnissen etwa um 500 v. Chr. einzusetzen begann, trennte sich die germanische Sprachgruppe endgültig von der romanischen. Aber erst mit der zweiten Lautverschiebung, die ab dem 6. Jahrhundert einsetzte, kam es zu Prozessen, die zur Bildung der deutschen Sprache geführt haben, so wie wir sie heute kennen.

Diese Lautverschiebung wird auch als Deutsche-, Hochdeutsche- oder Altdeutsche Lautverschiebung bezeichnet und leitete die Entstehung der Hochdeutschen Dialekte ein, die sich von den Niederdeutschen Mundarten insbesondere durch Konsonantenverschiebungen unterscheiden. Verschoben ist besonders t zu z, ss und ß; d zu t; p zu pf, ff, f; k zu ch: tan zu Zahn, weiten zu Weizen, sitten zu sitzen, wetten zu wissen ,fleiten zu fließen, daun zu tun, dach zu Tag, bitichen zu beizeiten, pärt zu Pferd, lop zu Lauf, dräpen zu treffen, kop zu Kopf, roken zu rauchen, lok zu Loch.

Der Zeit nach teilt man die deutsche Sprache ein in Althochdeutsch (von etwa 600 bis 1050), Mittelhochdeutsch (von etwa 1050 bis 1350), Frühneuhochdeutsch (von etwa 1350 bis 1650) sowie Neuhochdeutsch, das bis heute andauert.

Als zusätzliches Erkennungszeichen des Hochdeutschen kommt noch die sogenannte Bayrische Lautverschiebung hinzu, die durch Martin Luther eingeführt wurde und Eingang in die allgemeine Schrift- und Umgangssprache gefunden hat. Diese Lautverschiebung besteht darin, dass die alten langen Vokale i zu ei und u zu au wurden, zum Beispiel min Hus zu mein Haus.

Aber zurück zu den Anfängen: Das Harzgebiet ist zu verschiedenen Zeiten von den Angehörigen verschiedener Volksstämme besiedelt worden. Daraus erklärt sich die Vielfalt seiner Mundarten – in kaum einer anderen deutschen Region gibt es auf so beschränktem Raum eine solche Vielfalt an Dialekten. Archäologisch sind inzwischen die verschiedensten Völker zu verschiedensten Zeiten nachgewiesen und ständig werden neue Erkenntnisse gewonnen. Auch gibt es fundamentierte Erkenntnisse woher diese Völker kamen. Was oftmals unklar ist: Warum sie kamen und wann sie weiterzogen, wenn sie denn weiterzogen. So verhält es sich auch mit dem großen Suebenauszug um das Jahr 174 n. Chr., der das Land von der Havel bis zum Harz entvölkerte. Warum dieser stattfand und wohin die Sueben zogen – wir wissen es nicht. Auch wanderten nicht alle Sueben ab. Schnell aber wurden diese verlassenen Gebiete von den nordischen Völkern: Warnen, Walen, Herulern, Haruden und Angeln in Besitz genommen, die aus Skandinavien sowie von der Ostsee her einwanderten. Später kamen dann noch die nordalbingischen Sachsen aus Schleswig-Holstein und Dänemark in die Harzregion. Zur Zeit der Völkerwanderung, über deren Ursache heute noch heftig gestritten wird, kamen viele Völker in die Harzregion, zogen vorbei oder ließen sich nieder, so auch die Thüringer. Dieser westgermanische Stamm beherrschte im 5. Jahrhundert die gesamte Harzregion. Schon bald aber mussten sie sich der Sachsen, die aus dem Norden und der Franken, die aus dem Westen kamen, erwehren. Aber die Völkerwanderung habe ich bereits in meinem Band 1 beschrieben. Erst mit dem Ende der Völkerwanderungszeit kehrte Ruhe ein, die verschiedenen Völker hatten dauerhaft ihre Siedlungsgebiete gefunden und durch ihre Sprachen und Mundarten nachhaltig geprägt.

So können wir heute im Wesentlichen von etwa neun grundlegenden Dialektgebieten in der Harzregion ausgehen, wobei die Übergänge teilweise fließend, teilweise aber auch geografisch fest umrissen, sind.

Gebiet 1 liegt zwischen Harz, Bode, Großem Bruch, Oker und Ilse und umfasst unter anderem folgende Orte: Alterode, Bersel, Benzingerode, Dardesheim, Derenburg, Drübeck, Halberstadt, Harsleben, Ilsenburg, Langenburg, Osterwieck, Schauen, Schwanebeck, Stapelburg, Veckenstedt, Vogelsdorf, Wasserleben und Wernigerode. Dort hat man, mit regionalen Abweichungen, eine eigene Mundart mit den alten langen Vokalen i und u. Dieses Gebiet bezeichnet man mundartlich auch als Huygebiet, weil es sich rings um diesen Höhenzug erstreckt.

Gebiet 2 schließt sich westlich an Gebiet 1 an und weist eine stark abweichende Mundart auf. Zu diesem Gebiet, das im Gegensatz zu seinem östlichen Nachbarn durch Doppelvokale gekennzeichnet ist, gehören unter anderem folgende Orte: Abbenrode, Bad Harzburg, Bühne, Groß – und Klein Denkte, Hornburg, Lochtum, Osterode, Rimbeck, Rhoden, Suderode, Vienenburg, Wiedelah. Prägnant für dieses Mundartgebiet sind die Doppelvokale ei, eu, ui statt i; au, ou, iu statt u. Diese Unterschiede, neben anderen, sind so bedeutend, dass man eine Stammesverschiedenheit der Bewohner dieser beiden Gebiete vermuten muss.

Gebiet 3 schließt sich östlich an das Huygebiet an. Es umfasst unter anderem die Orte Ballenstedt, Ditfurt, Gernrode, Neinstedt, Quedlinburg, Reinstedt, Rieder, Thale, Warnstedt, Weddersleben, Wegeleben, Westerhausen. Die Haupteigentümlichkeit besteht darin, g wie j zu sprechen. Hier bin ich zu Hause in Gernrode, in Jernrode. Außerdem spricht man e und i statt ö und ü , ferner schl, schm, schn, scht, - ich heiße Sternal, spreche aber Schternal. Dieser Dialekt ist wohl als niederdeutscher (plattdeutscher) Einschlag anzusehen.

Mitten drin, am Harzrand, zwischen Gebiet 1 und Gebiet 3 gibt es das kleine Mundartgebiet 4 mit abweichender Mundart. Es umfasst die Orte Timmenrode, Wienrode, Cattenstedt und Heimburg. Auch dieses kleine Gebiet ist durch niederdeutsche Einschläge gekennzeichnet, das in der Mitte liegende Blankenburg hat dagegen keinen niederdeutschen Dialekt mehr.

In Holstein war im Hochmittelalter der Sachsenstamm der Holsaten ansässig. Ihres christlichen Glaubens wegen sollen sie im Jahr 1072 von dort ausgewandert sein. Angeblich auf anraten des Erzbischofs Adalbert von Bremen, der in Lochtum bei Bad Harzburg ein Gut besaß, sollen sie in die Harzregion gezogen sein. Dort haben sie sich auf der Harzhochfläche, die damals noch kaum besiedelt war, niedergelassen und wie in ihrer alten Heimat Viehzucht und Ackerbau betrieben. Sie gründeten wahrscheinlich die Orte Hüttenrode und Elbingerode, aber Benneckenstein und Hasselfelde bestanden bereits und die Hüttenorte an den Bodeflüssen sind jüngeren Ursprungs. Alle haben sie aber die gleiche Mundart angenommen.

Vieles im Dialekt ist dort übereinstimmend mit den Gebieten 3 und 4. Kennzeichnend für dieses Gebiet ist besonders der Übergang von nd und nt in ng: hinten in hingene, unten in ungene, Findling in Fingling und so weiter. Ein weiteres Kennzeichen dieses Dialektgebietes 5 ist der Einschub eines t in die Vergangenheit temporaler Verben: se jungten für sie gingen, se bleiften für sie blieben, se schlauchten für sie schlugen, se wärten für sie waren und so weiter.

Südwestlich des Harzes liegt das Göttingisch-Grubenhagensche Gebiet 6. Es beginnt südwestlich bei Bad Lauterberg und endet nordwesrlich bei Osterode. In diesem Gebiet, das auch die Orte Barbis, Sieber, Lonau, Buntenbock und Lerbach einbezieht, ist prägnant, dass man anlautendes s scharf wie ß spricht und anlautendes g wie ch: szein für sehen, szer für sehr, chaut für gut und so weiter.

So wie um 1072 die Harzhochfläche von dem nordischen Sachsenstamm der Holsaten besiedelt wurde, so begann etwa 450 Jahre später die Besiedlung des Oberharzes. Die Fremden waren Bergleute aus dem Erzgebirge, die mit ihren Familien in den Hochharz kamen, um den dort inzwischen aufgegebenen Bergbau wieder erfolgreich aufleben zu lassen. Zwar hatte der Bergbau im 13. Jahrhundert in der Zellerfelder Region schon eine gewisse Blüte erreicht, war aber wohl auf Grund fehlender Technik und Technologie nicht ertragreich genug, so dass er im 14. Jahrhundert wieder zum Erliegen kam. Die Erzgebirgler, die vorrangig aus Freiberg, Schneeberg, Annaberg und Joachimstal kamen, hatten wohl erheblich mehr „ Knowhow“ als ihre Kollegen in den Jahrhunderten davor. Schnell fanden sie reiche Silberanbrüche und es ist dann sicherlich zu einer Euphorie „à la Klondike“ in Nordamerika am Ende des 19. Jahrhunderts gekommen. Die Anzahl der erzgebirgischen Bergleute wurde bis 1620 immer größer und nicht nur die aufgelassenen Gruben „des alten Mannes“ wurden wieder erfolgreich reaktiviert, auch bald schon schossen die Bergstädte wie Pilze aus dem Boden. Diese erzgebirgischen Bergleute brachten nicht nur ihre Mundart mit, sie bewahrten sie auch sehr lange, zum Teil bis heute, was wohl der langen Abgeschiedenheit dieses Gebietes zu zuschreiben ist. Diese Mundart, mit der bayrischen Lautverschiebung, unterscheidet den Dativ „mir“ vom Akkusativ „mich“ und spricht g am Anfang eines Wortes wie k. Zu diesem Mundartgebiet 7 gehören: St. Andreasberg, Clausthal-Zellerfeld, Schulenberg, Wildemann, Bockswiese und Hahnenklee, während Lautenthal und Altenau eine gemischte Mundart haben.

Dialektkarte des Hargebietes

Lisa Berg nach A Hemprich

Südöstlich des Harzes schließt sich ein weiteres Mundartgebiet an, dass sogenannte mitteldeutsche. Es beginnt westlich mit Steina, Wieda, Zorge, umfasst zahlreiche Orte im Hochharz und Unterharz wie Hohegeiß, Stiege, Siptenfelde, Allrode, Bärenrode, Alexisbad, Mägdesprung, Harzgerode, Neudorf, Dankerode, Wieserode und schließt auch zahlreiche Orte im östlichen Vorharzgebiet wie Neuplatendorf, Endorf, Westdorf, Aschersleben, Schierstedt und Giersleben ein. Dieses Gebiet ist sehr uneinheitlich. Im Wesentlichen lassen sich in diesem Mundartgebiet zwei Mundarten unterscheiden: die unterharzerische als Gebiet 8 und die anhaltische als Gebiet 9. Das unterharzerische, östliche Gebiet unterscheidet sich wesentlich vom angrenzenden oberharzerischen westlichen Gebiet. Die folgende Eigentümlichkeiten zeichnen dieses Gebiet aus: für „mir“ und „mich“ gibt es nur den Akkusativ „mich“; die bayrische Lautverschiebung fehlt, man spricht min für mein, Lip für Leib, Zun für Zaun, Prut für Braut, Rum für Raum und so weiter, hochdeutsches D am Wortanfang wird zu T; hochdeutsches G am Wortanfang wird zu J; der Umlaut von u und o lautet i und ä, Hiser für Häuser, schän für schön.

Zu keiner der bisher erläuterten Mundarten gehört die Mundart des Ortes Braunlage. Woher dessen Bewohner stammen ist wohl noch unbekannt.

Auch der Ort Friedrichsbrunn im Unterharz hat keine einheitliche, sondern durch zahlreiche Einflüsse geprägte gemischte Mundart, die sicherlich auf die späte Gründung des Ortes im 18. Jahrhundert zurückzuführen ist.

Die Harzregion hat also neun grundlegende Mundartgebiete, in die aber noch zahlreiche kleinzellige abweichende Dialektgebiete eingebettet sind, die auf unterschiedlichste Zuwanderung hindeuten. Bis heute haben sich diese Dialektgebiete und ihre Grenzen weitgehend erhalten. Allerdings treten ihre Dialekte nicht mehr so stark in den Vordergrund, wie noch vor einigen Jahrzehnten. Anglizismen sowie eine, gegenüber früheren Zeiten, erheblich gesteigerte Zu- und Abwanderung von Bewohnern, lassen diese Dialektgebiete und ihre Grenzen zunehmend verschwimmen. Noch sind sie aber unzweifelhaft zu erkennen.

Die Ortsnamen der Harzregion

Allgemeines zur Harzer Ortsnamenkunde

Ich möchte hier keine wissenschaftliche Ortsnamenkunde betreiben, denn ich bin kein Toponomastiker. Auch gibt es für mich als Heimatforscher auf diesem Gebiet zu viele Pseudowissenschaftler, die allzu gern zur persönlichen Reputation an den Haaren herbeigezogene Namensauflösungen präsentieren. Die verschiedenen Sektionen der Geschichts- und Sprachforschung sowie der Geografie haben uns aber viele Namensauflösungen beschert, über die ich hier berichten möchte. Zahlreiche Ortsnamen werden wohl aber auch für immer im Dunkel der Geschichte bleiben: „Namen sind oft das letzte Asyl verblassender Sprachaltertümer“ (Zitat von Förstermann). Es kommt mir hierbei nicht auf Vollzähligkeit an, wichtiger sind mir grundsätzliche Erkenntnisse.

Grundsätzliches

Sprache erneuert sich, ist in ständiger Entwicklung. Namensgebung macht da zum großen Teil eine Ausnahme und ist konservativ. Wir finden daher in der Namensgebung oft einen altertümlicheren Lautstand vor, als in der Mundart der entsprechenden Zeit. Dazu kommt, dass wir in Deutschland erst seit etwa vierhundert Jahren über eine allgemein gültige Schriftsprache verfügen.

Namen waren immer schon vorhanden, auch wenn sie nicht immer überliefert oder aufgeschrieben worden sind. Für die Harzregion erschwerend kommt hinzu, dass eine Vielzahl von Völkern und Volksstämmen hier ihre Spuren hinterlassen haben. Auch wissen wir von einigen „Sprachgruppen“ sicherlich noch nicht einmal, dass auch sie zeitweise zugegen waren.

Als nächsten Fakt müssen wir feststellen, wer und was in frühgeschichtlicher Zeit bereits Namen getragen hat. Das waren sicherlich Menschen und dann ihre wichtigsten Gebrauchsgegenstände sowie biologische und geografische Objekte von Bedeutung. Und schon sind wir bei der Ortsnamenkunde. Sie bezieht sich also auf die Namen bewohnter Plätze, also von Städten, Dörfern, Siedlungen und Gehöften.

Wenn wir uns nun der Frage zuwenden, welche Sprachfamilien die Harzregion besiedelten, so können wir uns wohl der indogermanischen zuwenden und innerhalb dieser Familie wiederum den Zweigen der germanischen, keltischen und slawischen, eventuell auch der italischen Sprachgruppen. Die älteste Namensgebung dürfte auch recht unspektakulär verlaufen sein. Kein langes Nachdenken, keine logischen Überlegungen – nein, spontan inspirierte Wortschöpfungen der ersten Jäger, Sammler und Siedler. Wenn eine Siedlergruppe weiter zog, nahm sie ihre Namen mit und eine neue nachrückende Gruppe vergab neue Namen. Daher gibt es auch nur wenige vorgeschichtliche Namen, die sich erhalten haben. Erst als die Menschen immer zahlreicher wurden und somit auch die Besiedlung immer dichter, entstand die Notwendigkeit sich durch Namen abzugrenzen.

Die ersten Ortsnamen waren trivial und einfach und wurden erst viel später, bei weiterer Notwendigkeit zur Abgrenzung, durch Wortzusätze spezifiziert (zum Beispiel „stedt“ – später Neinstedt, Warnstedt, Cattenstedt und so weiter). Wenn wir nun versuchen, die Ortsnamen des Harzes zu ordnen und eine Systematik hineinzubringen, merken wir schnell, das ist kein leichtes Unterfangen. Viele Ortsnamen lassen sich in drei verschiedene Kategorien einordnen, aber einige fallen auch durch alle Raster. Im Wesentlichen gibt es die Rubriken der geografischen Bezeichnung (Lautenthal – im Tal der Laute), der Bewohnerbezeichnung (Göttingen – bei den Priestern) sowie die der Siedlungsbezeichnung (Langelsheim).

Wenn wir versuchen Ortsnamen zu deuten, müssen wir uns parallel dazu auch mit ihrer Datierung beschäftigen. Denn das Alter der Ortsnamen in der Harzregion ist sehr verschieden, der älteste mir bekannte urkundlich erwähnte Ort ist Schwenda (532). Dann gibt es Orte wie Ohrum, Schöningen, Aschersleben, Westerhausen und Ditfurt, die schon über 1. 250 Jahre alt sind (erste urkundliche Nennungen) und verhältnismäßig junge Orte wie Silberhütte und Friedrichsbrunn, die erst zwischen 1700 und 1750 gegründet wurden. Bei den letztgenannten jungen Ortsnamen sind die Gründungsdaten recht genau überliefert.

Bei den alten Ortsnamen ist das nur sehr selten der Fall. Denn wir dürfen nicht in den Irrtum verfallen, die erste urkundliche Erwähnung mit der Siedlungsgründung gleichzusetzen. Da die Harzregion bisher nicht nachweislich von den Römern besiedelt wurde, sind die ältesten Siedlungsnahmen wohl in die Zeit des Thüringerreiches, also vor 531, zu datieren. Die ältesten deutschen Ortsnamen sind meistens einsilbig, doch auch aus einem Wort mit einem Affix können sie bestehen. Für die Harzregion sind mir solche Namen nicht bekannt. Die große Anzahl unserer heimischen Ortsnamen bestehen aus Grund- und Bestimmungswort. Diese beiden Namensbestandteile lassen sich zum Teil gut datieren. Entscheidend ist aber oft das Grundwort, also der letzte Teil des Namens wie zum Beispiel: -hausen, -hagen, -hof, -feld, -heim, -berg oder -dorf.

Sehr häufig sind auch die Ortsnamen mit dem Grundwort –leben, zum Beispiel: Harsleben, Wegeleben, Hedersleben, Gatersleben, Sandersleben und Eisleben. Dieses Grundwort wird bei dem gotischen Wort leiba „Hinterlassenschaft“ angesiedelt. Es findet sich vorrangig dort, wo einmal das Thüringerreich seine Ausbreitung hatte. Vieles ist hier noch unklar, diese Namen werden jedoch mit den aus Skandinavien eingewanderten Warnen und Angeln in Zusammenhang gebracht. Ich gehe davon aus, dass diese Ortsnamen schon vor den Karolingern und auch den Liudolfingern bestanden hatten. Ansonsten hatte man eine Hinterlassenschaft wie üblich dem Hinterlassenden zugeordnet.

Dagegen weisen die Endungen -ingen und -lingen auf schwäbische Herkunft hin und sind daher wohl auf die zweite Hälfte des 6. Jahrhunderts zu datieren. Beispiele hierfür sind Schneidlingen, Hecklingen, Niederröblingen und Heringen.

Die sogenannten Gattungsnamen sind durch die Forschung zeitlich recht gut einzuordnen, denn sie wurden nur zeitlich und geografisch begrenzt eingesetzt. Als erwiesen im indogermanischen Sprachgebrauch gilt auch, dass Ortsnamen mit Affix älter sind als zusammengesetzte. So ist beispielsweise Gernrode jünger anzusetzen als das direkt örtlich anschließende Dorf Rieder, auch wenn die urkundlichen Nennungen nur fünfunddreißig Jahre auseinander liegen. Denn -rode ist hochmittelalterlich und Rieder zumindest als karolingisch einzuordnen.

Aber auch Bestimmungsworte in zusammengesetzten Ortsnamen können wichtige Aufschlüsse geben, besonders dann, wenn sie sich auf Personennamen beziehen. Über die alten deutschen Personennamen, die ja bis ins Jahr 1037 nur Vornamen waren, gibt uns Förstermanns „Deutsches Namensbuch bis 1200“ Auskunft. Ein Beispiel hierfür ist Güntersberge, das sich wohl von den ebenfalls an den Harzquerungen liegenden Orten Straßberg und Stolberg abgrenzen wollte. Viele zusammengesetzte Ortsnamen im Harz lassen sich nur erschließen, indem der Sprachwissenschaftler mit Geologen, Geografen und Geschichtswissenschaftlern zusammenarbeitet.

Besonders Flüsse spielten in früher Zeit eine bedeutende Rolle, weil die ältesten Siedlungen an Flüssen und ihnen nahe liegenden exponierten Stellen errichtet wurden. Da diese Flüsse auf Grund ihrer Bedeutung bereits Namen hatten, floss dieser in den Ortsnamen ein, oder gab ihm seinen Namen. Beispiele hierfür sind Oker, Ilsenburg, Wippra und Zorge.

Wo im Gebirge Flüsse vorhanden sind, da sind auch Täler, die ins Gebirge führen, und an den Talrändern sind Berge, die zur Orientierung sehr wichtig sind. Kein Wunder also, dass es im Harz zahlreiche Orte mit dem Grundwort -berg oder -berge gibt, wie zum Beispiel St. Andreasberg, Schulenberg, Herzberg, Lauterberg oder Stolberg und Straßberg.

Aber die weitaus größte Gruppe von Ortsnamen haben die mittelalterlichen Rodungssiedlungen inne. Das Grundwort -rode ist dabei rund um den Harz vertreten und wird durch ein vielfältiges Spektrum an Bestimmungsworten spezifiziert, wie zum Beispiel bei Suderode, Wernigerode, Osterode und Gernrode.

Mit der Burgenordnung, die Heinrich I. im Jahr 926 erließ, wurden auch in der Harzregion zahlreiche Burgen zum Schutz des Reiches errichtet. Es waren Fluchtburgen und Burganlagen, die nicht lange Bestand hatten. Ihre exponierten Standorte wurden aber oftmals beibehalten und dort neue, wehrhaftere Burgen erbaut. Zum Teil werden natürlich auch schon noch ältere Fluchtburgen aus der Karolinger- oder Völkerwanderungszeit Grundstock gewesen sein. An diesen Burgen bildeten sich schnell Siedlungen, die dann mit dem Grundwort -burg einen Siedlungsnamen bildeten, wie zum Beispiel Quedlinburg, Blankenburg, Harzburg, Ilsenburg und Vienenburg.

Wenn man Ortsnamen deuten will und Ortsnamenkunde betreiben möchte, sind die nicht mehr existenten Siedlungen, die Wüstungen, oft von entscheidender Bedeutung. Es ist davon auszugehen, dass in der Harzregion mehr als 50 Prozent der ehemaligen Siedlungen wüst geworden sind. Mit dieser Materie hat man sich bisher sehr wenig beschäftigt und die meisten dieser Wüstungen sind wohl bisher nicht genau lokalisiert. Aber es waren oftmals die ältesten Siedlungen, die dann irgendwann nicht mehr zeitgemäß waren und daher aufgegeben und durch neue Siedlungen ersetzt wurden. Natürlich spielen Brände, Kriege und andere zerstörerische Ereignisse dabei ebenfalls eine große Rolle. Zum Teil sind aber die alten Wüstungsnamen in den Flurnamen erhalten geblieben, was oftmals eine entscheidende Hilfe darstellt.

Besonders bei den nach Kasper sogenannten Sinngruppen sind Kenntnisse über nahe liegende Wüstungen oft unentbehrlich. Unter Sinngruppen versteht man Ortschaften, die dicht zusammen liegen/lagen, inhaltlich miteinander verbunden sind/waren, aber keine gleichen Grund- und Bestimmungswörter aufweisen. Ein Beispiel hierfür finden wir im Hagental bei Gernrode. Dort gab es zwei Dörfer, die noch im 16. Jahrhundert existierten und Behem und Bohemus hießen. Noch heute gibt es die Forstbezeichnung Großes und Kleines Böhmen sowie die Böhmischen Wiesen. Ein weiteres Beispiel gibt es um Quedlinburg wie: Groß Orden und Klein Orden.

Natürlich gibt es auch häufig Ortsnamen, bei denen im Laufe der Zeit ein Namenstausch vorgenommen wurde. Das hat dann nichts mit Mundart oder Sprachentwicklung zu tun. Die Ursachen sind oft unklar, wie bei Osterwieck, das einst Seligenstadt hieß. Gleich daneben liegt Berssel (Berßel), das ursprünglich Birislae hieß, ab 1148 dann Birisleve und ab Ende des 13. Jahrhunderts Bersle genannt wurde.

Es gibt aber auch Grundwörter, die im Laufe der Jahrhunderte aus dem allgemeinen Sprachgebrauch verschwanden. Dann hat man oftmals das Grundwort angepasst. Ein Beispiel hierfür ist -minni = Wasserlauf. Aus dem Fluss Holtesminni wurde beispielsweise Holtemme.
Auch gibt es zum Teil regional ähnliche Ortsnamen, korrespondierende Namen, deren Herkunft und Sinn nicht zweifelsfrei geklärt ist. Vielleicht ist diese Namensgebung nur dem Nachahmungsbestreben zuzuschreiben, wie bei Gandersheim – Gandersum, Immenrode – Immingenrode; Reddeber – Heudeber, Ballenstedt – Ballersleben/Wüstung (zirka 8 Kilometer entfernt).

Auch Ortsnamen, die an verschiedenen geografischen Standorten parallel existieren, sind keine Seltenheit. Zufall – oder haben Siedler beim Wegzug den Namen mitgenommen (Nachahmungstreben), wie es Siedler nach England, Spanien, USA oder Südamerika oft taten. Lokale Beispiele hierfür sind: Gernrode/Harz – Gernrode/Eichsfeld, Bad Suderode – Suderode/Osterwieck, Watenstedt/Salzgitter – Watenstedt/Wolfenbüttel, Abbenrode/Vienenburg – Abbenrode/Schöppenstedt. Ein internationales Beispiel sind wohl auch die häufigen „Bode-Namen“ in Asturien (Spanien), die wohl auf die in den Suebenzügen im Jahr 406 nach Hispanien ausgewanderten Sueben des Bode-Gebietes zurückzuführen sind.

Bei vielen Ortsnamen wurden im Laufe der Zeit auch Namensangleichungen vorgenommen. So gab es beispielsweise in alten Zeiten keine Umlaute, sie ersetzten erst in der Neuzeit entsprechende Vokale. Dieser Lautwandel tritt zumeist dann auf, wenn in der Folgesilbe ein i enthalten ist wie bei Schöningen – einst Schoningen.

Bei früh- oder vorgeschichtlichen Ortsnamen sind Deutungen besonders schwierig und dementsprechend gibt es immer zahlreiche Fehldeutungen. Zu gern interpretieren selbsternannte Pseudowissenschaftler zweckdienlich solche Ortsnamen. Das ist nicht unbedingt verwerflich, wenn die eigene Auffassung nicht als Dogma angesehen wird. Denn Wissenschaft lebt von einer Streitkultur, aber auch von Erkenntniszuwachs. Dafür ein Beispiel: Bei Quedlinburg gab es einmal zwei Orte in 1 Kilometer Entfernung mit Namen Groß Orden und Klein Orden, die im 15. Jahrhundert aufgegeben wurden. Nachahmungseffekt? Geschrieben wurde unter anderem, dass sich der Name auf einen „Orden“ beziehen soll. Groß Orden wurde aber bereits im Jahr 804 erstmals als Orda erwähnt. Ritterorden gab es aber erst ab dem 12. Jahrhundert und religiöse Ordensgemeinschaften (latainisch Ordo) sind auch sehr unwahrscheinlich, denn damals war diese Region noch nicht christianisiert. Ordo hat aber noch eine militärstrategische oder politische Bedeutung, könnte nicht auch sie Namensgeber gewesen sein? Zahlreiche kriegerische Auseinandersetzungen gab es am Harz, wo tatsächlich ist umstritten: Franken/Sachsen, Thüringer/Sachsen und so weiter; und nach den Erkenntnissen vom Harzhorn bei Northeim sind selbst römisch/germanische Auseinandersetzungen noch im 3. Jahrhundert wissenschaftlich nachgewiesen.

Die Besiedlungsgeschichte der Harzregion ist noch zu einem Großteil ungeklärt und die Forschung macht erst in den letzten Jahrzehnten, insbesondere durch archäologische Grabungen, Fortschritte. Es ist daher abenteuerlich, für diese frühe Zeit mit indogermanischen, illyrischen, keltischen, germanischen oder gar römischen Ortsnamen zu kolportieren. Ich möchte daher auf derartige Namensspekulationen hier nicht weiter eingehen. Bekannt ist allerdings, dass die Harzregion seit der Steinzeit den Menschen Siedlungsräume gegeben hat. Den ersten Ansatz einer schriftlichen Überlieferung zu Beginn unserer Zeitrechnung gibt uns der griechische Gelehrte Klaudios Ptolemaios (um 100 bis um 175). Der Mathematiker und Geograph verzeichnete in seinem Kartenwerk „Geographike hyphegesis“ achttausend bedeutende Städte seiner Zeit. Darunter auch zahlreiche in der Germania Magna und auch einige in der Harzregion. Das Werk des Ptolemaios war über 1 900 Jahre recht unbrauchbar, da stark verzerrt. Berliner Wissenschaftler haben jetzt die alte Welt neu vermessen, indem sie die Karte per moderner, geodätischer Computermethoden entzerrt haben. Wir sind damit ein ganzes Stück klüger, wie ich schon in Band 1 ab Seite 95 berichtet habe. Auf jeden Fall ist nicht davon auszugehen, dass diese Städte germanischen Ursprungs waren, denn die Germanen bauten zu jener Zeit noch nicht so, dass es für das römische Imperium von Interesse gewesen sein könnte.

Es folgt die Zeit der Völkerwanderung und die Germanische Stammesbildung. Oft hat man versucht diese Zeit durch die Deutung von Ortsnamen aufzuhellen. Zeitweise unterlag man der Versuchung, bestimmte Ortsnamen bestimmten Völkern zuzuordnen; so etwa alle -heim Ortsnamen dem Fränkischen. Aber meine vorherigen Ausführungen zeigen, dass diese Vorgehensweise zwangsläufig scheitern muss. So einfach ist es nun doch nicht, auch wenn es schön wäre, auf diese Weise eine genaue Wanderkarte der einzelnen Stämme und Völker zu bekommen.

Nach dem Ende des Mittelalters wurde das Hochdeutsche auch in der Harzregion Schriftsprache. Überall können wir im vorher niederdeutschen Sprachgebiet hochdeutsche Ortsnamen finden: Neustadt, Mandelholz, Friedrichsbrunn, Neudorf, Alexisbad – um nur einige zu nennen. Und auch die äußerst interessanten Mischformen aus Niederdeutsch-Hochdeutsch sind zahlreich anzutreffen. Halb hochdeutsch und halb niederdeutsch sind zum Beispiel: Straßberg und Westerhausen. Zu diesen Ortsnamen zählen auch jene, die sich an der Mundart orientieren wie zum Beispiel Dannhausen bei Gandersheim und Dannhüsen bei Burgdorf. Bei der Deutung dieser Ortsnamen ist die Philologie die Deutungsgrundlage, was auch auf abgeschliffene Ortsnamen und den häufig anzutreffenden Lautwandel zutrifft: zum Beispiel Eitzum (bei Schöppenstedt), ehemals Etsen.

Aber auch Pflanzen und Tiere spielen bei der Vergabe von Ortsnamen eine Rolle. Es kann jedoch davon ausgegangen werden, dass nicht das häufige Vorkommen zur Namensgebung veranlasste, sondern eher die Seltenheit. Denn ein Ortsname in alter Zeit diente auch zur Standortbeschreibung und zur Orientierung. Und welchen Sinn sollte es haben, inmitten eines riesigen Tannenwaldes einen Ort „Tanne“ zu nennen? Das ist aber sinnvoll, wenn die Tannen in einem großen Laubwald stehen. Weitere Orte im Harz, die in diese Kategorie passen, sind zum Beispiel Hohegeiß, Hahnenklee, Rübeland, Wolfshagen, Lasfelde (bei Osterode), Schwanebeck, Bärenrode und Hainfeld.

Auch gibt es Ortsnamen, die auf religions- oder rechtsgeschichtliche Zusammenhänge hinweisen. In der Harzregion gibt es dafür zahlreiche Beispiele: Göttin Ostara –Osterode; Kultstätte alah-stede –Allstedt; Grundwort loh/lah für Gericht – Werla.

Im ostfälischen Gebiet finden wir auch Orte mit den Grundwörtern -furt – Ditfurt, -feld – Hasselfelde, Ilfeld. Diese Ortsnamen werden frühmittelalterlichen Siedlungen zugeschrieben.

Natürlich kann diese knapp gehaltene Ortsnamenanalyse nur einen kleinen Ausschnitt aus der Namensvielfalt darstellen. Zu vielfältig sind die Ortsnamen, zu viel Unklarheit und auch Unwissenheit herrscht noch vor, zu viele Völker und Volksstämme waren hier und haben ihre Spuren hinterlassen. Auch können da, wo keine schriftlichen Quellen Auskunft geben, geisteswissenschaftliche Erkenntnisse nie als der Weisheit letzter Schluss herhalten.

Wüste Ortschaften in der Harzregion

In der Harzregion gab es vom Mittelalter bis in die Neuzeit eine große Anzahl von Ortschaften, die heute wüst sind. Von vielen dieser Ortschaften sind keine baulichen Reste mehr vorhanden, auch in Landkarten sind sie nicht mehr verzeichnet. Zum Teil sind Straßen und/oder Flurnamen der einzige noch existierende Hinweis auf diese ehemaligen Ortschaften, oftmals sind alle Spuren getilgt.

Ich möchte daher versuchen, diese wüsten Ortschaften vor dem vollständigen Vergessen zu bewahren. Als Grundlage dafür dient mir: das „Verzeichnis jetzt wüster Ortschaften welche im Herzogtum Braunschweig, Königreich Hannover, Halberstädtischen, Magdeburgischen und in anderen angrenzenden Ländern belegt waren". Gesammelt und aufgeschrieben wurden diese Ortschaften durch Julius Grote Reichsfreiherr zu Schauen, Erbschenken im Fürstentum Halberstadt, im Jahr 1863.

Zur besseren Orientierung beziehungsweise zum Auffinden ordne ich alle Wüstungen zuerst entsprechenden Städten zu. Den jeweiligen Wüstungen sind in Klammern die Quellen zugeordnet.

Weitere Wüstungen sind vom Autor recherchiert worden und in Klammern ist die Quelle angegeben; fast alle stammen aus den verschiedenen Regionalausgaben „Bau- und Kunstdenkmäler der Provinz Sachsen".

Erklärung der Abkürzungen:

A.	Amt
B.A.	Beckmann, Geschichte Anhalts
B.Hil	Becker, Status dioecesis Hildesiensis, (Manuscript)
B.N.	Behrend, Neuhaldenslebensche Kreis-Chronik
Dt.	Dingelstedt, Karte des Fürstentums Halberstadt, 1742
Grupen.	dessen Origines et antiquitates Hannoverenses
G.U.	Halberstädter gemeinnützige Unterhaltungen
Han. Mag.	Hannoversches Magazin
H.B	Hassel und Bege, Beschreibung der Fürstenhäuser

	Wolfenbüttel und Blankenburg
H.B.L.	Halberstädter gemeinnützige Blätter
Heyse	dessen Beiträge zur Kenntnis des Harzes, Heft 1
H.I.B.	Zweiter Jahresbericht des Vereins für Natur und Kunst in Hildesheim
H.M.	Neue Halberstädter Mitteilungen
H.M.G.	v. Heinemann „Markgraf Gero“
Hodenb.	v. Hodenberg, Calenberger Urkundenbuch
K.A.	Kunze, Kloster Adersleben
Kloster Capelle	Michelsen, Codex dipl. Thuringicus
Koken.	dessen Geschichte der Winzenburg
K.Q.	Kettner, Antiq. Quedlinburgenses
L.	Lucanus, Beiträge zur Geschichte von Halberstadt
N.	Niemann, Geschichte von Halberstadt
Piderit.	dessen geschichtliche Wanderung durch das Weserthal
R.M.	der Regierungsbezirk Magdeburg, von Hermes und Weigelt
v. Rössing.	Geschichte des Herrn von Rössing
v.St.	von Stromberg, die Halberstädtischen Archidiakonate
Sudendorf.	dessen Urkundenbuch zur Geschichte der Herzöge von Braunschweig und Lüneburg
Dr. Topp.	Mündliche und schriftliche Mitteilung des Herrn Dr. Topp in Hornburg
V.A.	Spiel, Vaterländisches Archiv und dessen Fortsetzung durch Spangenberg, Brönnenberg und des historischen Vereins für Niedersachsen
W.S.M.	Walther, Singularia Magdeburgica
*	vor dem Namen der Wüstung bedeutet, dass Julius Grote sich an Ort und Stelle von der Richtigkeit überzeugt hat
#	vom Autor selbst besucht
+	vom Autor recherchiert
Ed.Ja.	Ed. Jacobs „Zur Geschichte des Anhaltischen Harzes“

Trotz aller Bemühungen sind mir sicherlich zahlreiche ehemalige Dorfstätten der Harzregion in meiner Auflistung entgangen und eventuelle Doppelnennungen sind auch nicht auszuschließen.

Aschersleben

Badeborn;	in der Westdorfer Feldmark bei Aschersleben (Halberst. gem. Unterh. 1806)
Badenstedt;	bei Aschersleben (Halberst. gem. Unterh. 1806)
Boeseborn ;	bei Aschersleben, dazu gehörend im Anhaltischen;

	(G.U. 1806 , B.A.)
Bransdorp ;	in der Grafschaft Askanien; (G.U. 1806)
Daldorp;	zwischen Aschersleben und Reinstedt (Dt., G.U. 1806)
Elsterndorp;	bei Ermsleben (L.; G.U.; 1806)
Erxleve;	bei Aschersleben nach Ermsleben zu (v.St.; G.U.)
Esterndorp;	bei Ermsleben (G.U.)
Hergestorp;	(1443 wüst), bei Aschersleben (G.U. 1806)
Hohendorp;	bei Hoym (Dt.); zwischen Badeborn, Hoym und Ermsleben (B.A.)
Hohenstedt;	nördlich von Aschersleben (Dt.)
Klein-Hoym;	westlich von Hoym (v. St.)
Klein-Wilsleve;	bei Aschersleben (G.U.); bei Wilsleben (v. St.)
Kossede;	Amt Warmsdorf (B.A.); in der Ascherslebener Feldflur (v. St.)
Matelitz;	Amt Warmsdorf (B.A.); bei Aschersleben (v. St.)
Nauklitz;	zwischen Aschersleben und Groß Schierstedt
Neindorp;	bei Aschersleben (B.N.)
Nienstedt;	bei Aschersleben (L.); im Amte Warmsdorf (B.A.)
Nuwelitz;	(Nuelitz; Naulitz); bereits 1443 wüst; bei Aschersleben(G.U.); zwischen Aschersleben und Groß Schierstedt (v. St.)
Osterdorp;	zwischen Aschersleben und Schierstedt (Dt.)
Politz;	bei Schadeleben(Dt.)
Sedorp;	1443 schon wüst; bei Aschersleben (G.U.)
Strummendorf;	bei Aschersleben (L.); im Amte Warmsdorf (B.A.); jetzt Salmuthshof (v. St.)
Welpsleve inferior;	bei Welbsleben (v. St.)
Wietingsburg;	bei Aschersleben (L.)
Zabequitz;	nördlich von Aschersleben in der Nähe der Staßfurter Warte (v. St.)
Zepitz;	bei Aschersleben (Dt.; L.)
Zorkewitz;	bei Aschersleben (Dt.; L.); nach Staßfurt zu (v. St.)
Zortewitz;	bei Aschersleben (v. St.)

Bad Harzburg

+ ***Bintingerode;***	bei Bad Harzburg; Königsgut; gegründet 1110; wüst nach 1459
* ***Brodesende ;***	bei Abbenrode; (H.M. 1826)
+ ***Bovingerode;***	(Bad Harzburg); Abtei Corvey, Grafen von

	Wernigerode gegründet 850 bis 900; erweitert 1018; wüst 1323
Dettlingerode;	bei Wiedela (B.Hil.)
+ ***Dudingerode;***	dort heute Nordvienenburg; Grafen von Wöltingerode; gegründet um 1018, wüst nach 1305
+ ***Ebelingerode;***	bei Bad Harzburg; Goslarer Patrizier von dem Dike; gegründet 1227; wüst nach 1400
+ ***Göttingerode;***	an seiner Stelle 1936 Neu-Göttingerode als Ortsteil von Harlingerode; gegr. 1163; wüst nach 1400
+ ***Halbertingerode;***	bei Bad Harzburg; Königsgut; gegründet 1110: wüst vor 1506
+ ***Hilwardingerode;***	bei Bad Harzburg; Kloster Wöltingerode; gegründet 1221; wüst nach 1463
+ ***Klein Lochtum;***	bei Bad Harzburg; Kloster Ilsenburg; gegründet um 1096; wüst seit 1641
+ ***Kulingerode;***	bei Bad Harzburg; Kloster Ilsenburg; gegründet 1110; wüst vor 1468
+ ***Isingerode;***	bei Bad Harzburg; Kloster Ilsenburg; gegründet um 1018; wüst nach 1400
Redingerode;	bei Abbenerode (H.M. 1826)
+ ***Suthere;***	bei Bad Harzburg, NÖ vom Sudmerberg; Grafen von Wöltingerode; gegründet 1129; wüst nach 1216
+ ***Thuringerode;***	bei Bad Harzburg; Petersstift zu Goslar; gegründet um 1020; wüst nach 1355
Wanleffesrode;	jetzt das Zellholz im Schimmerwald (Delius Harzburg); bei Abbenrode (H.M.); + Wanlefsrode bei Bad Harzburg; Außenpropstei des Klosters Ilsenburg; gegründet um 1000; urkundliche Erwähnung 1110; wüst nach 1340
+ **Wendilburgerode;**	bei Bad Harzburg; Königsgut; gegründet 995; wüst. nach 1500 , an seiner Stelle heute Nordstapelburg
+ ***Winetherode;***	bei Bad Harzburg; Domstift Goslar; gegründet 1167; wüst nach 1286
Wollingerode;	bei Ilsenburg (Delius Harzburg)

Ballenstedt

Asmerstedt;	zwischen Hoym und den Gegensteinen (Dingelstedt tab. geogr. Halberst.)

Berlingen;	zwischen Opperode und Reinstedt (Dingelstedter tab. geogr. Halberst.)
Burchardsrode;	(Ed. Ja.) zwischen Ballenstedt und Mägdesprung
Damersfelde;	zwischen Ballenstedt und Mägdesprung (Heyse)
+ ***Dorf Anhalt;***	auf der rückwärtigen Hochfläche zur Burg Anhalt gelegen; urkundlich erstmals 1311 erwähnt; wüst Anfang 15. Jahrhundert
+ ***Hondorf;***	eine wüstes Dorf bei Hoym; 1460 noch als bewohnt genannt, lebt im Vorwerk Hohndorf bei Hoym fort
Jettelde;	an der krummen Gethel bei Ballenstedt (v. St.)
Klein-Radisleben;	an der Getel (B.A.); nördlich von Radisleben
+ ***Lere;***	eine Wüstung in der Nähe der Ballenstedter Gegensteine
Quellendorf;	(Ed. Ja.) im Amte Hoym
Rolevesborch;	am Ende der Gegensteine (v. St.); zwischen Ballenstedt und Rieder (B.A.; H.M.G.)
Steckdorf;	(Ed. Ja.) bei Ballenstedt
Zehlingen;	bei Ballenstedt (G.U. 1807); südöstlich unter den Gegensteinen gegen Ballenstedt (B.A.)

Blankenburg

Albrechtsfelde;	(Ed. Ja.) im Blankenburgischen
Bodenrode;	bei Hüttenrode (Mitteil. des Gutsbesitzers Koch aus Hüttenrode)
Callendorp;	südöstlich von Blankenburg (Dt.)
Engerode;	bei Hüttenrode (H.B.)
Golddorf;	beim Pfeifenkrug bei Heimburg (H.B.)
Helsing;	südöstlich von Blankenburg (Dt.)
Hordshausen;	bei Hüttenrode (H.B.)
Kallendorf;	bei Blankenburg (H.B.)
Klein-Boernecke;	zehn Minuten von Börnecke am Langensteiner Weg (G.U. 1806)
Lintzke;	bei Blankenburg (H.B.; Thüringen und Harz)
Merckefelde,	zwischen Langenstein und Westerhausen (L.; H.M.; H.B.L.)
Mordorp;	südöstlich von Blankenburg (Dt.; H.B.)
Nygenrode;	(Nienrode); bei Blankenburg (H.B.)
+ ***Richbrechtingerode;***	untergegangene Dorfstätte, vielleicht das spätere Ripperode am Volkmarskeller bei Hüttenrode oder Rippenrode an der Ilse
Rixzingerode;	Ripertingerod 956); bei Hüttenrode

Sadenbeck;	bei Blankenburg (H.B.)
Struvenberg;	bei Benzingerode (H.B.)
Winzenburg;	bei Wienrode (H.B.)

Duderstadt

Dudenborn;	bei Nesselroden – Duderstadt (Han.Mag.)

Elbingerode

Gernrode

+ ***Behem;***	im Hagental bei Gernrode, der Viktorshöhe zu; auch Bem, Boeme, Bohemus genannt und noch im 16. Jahrhundert existent; südöstlich vom Neuen Teich
Dammersfeld;	(Ed. Ja.) bei Mägdesprung
Kizanrothe;	(Ed. Ja.) nahe Tankmarsfelde
Kunerßrode;	(Rd.Ja.) im Gericht der Heinrichsburg
Tankmarsfeld;	(Ed. Ja.) bei Mägdesprung
Welbeke;	zwischen Gernrode und Rieder (H.M.G.)
+ ***Wendelmeresburg;***	eine Wüstung, wahrscheinlich in der Nähe von Gernrode, das schon in einem alten Güterverzeichnis des Klosters Nienburg erwähnt wurde

Goslar

Azingerothe;	bei Goslar (H.I.B.)
Bardenhausen;	bei Ohlhof unweit Goslar (H.I.B.)
Bergdorf;	bei Goslar (Delius Krodo)
Dellhausen;	zwischen Langelsheim und Nauen (H.I.B.)
Doerpke;	bei Goslar (Delius Crodo)
Dolgen;	bei Lutter am Barenberge (v.d. Decken Herzog Georg)
Dollingen ;	bei Nauen und Langelsheim (H.I.B.)
Kuhburg;	bei Goslar (Hildesheimer Sonntagsblatt 1846)
Nahausen;	zwischen Lutter am Barenberge und Rauen (v.d.Decken Georg)
Nahnauen;	bei Lutter am Barenberge (H.B.)
Pawenberg (Pagenberg);	zwischen Lutter am Barenberge und Wallmoden (Harenberg 1510)

Rauten;	bei Lutter am Barenberge (H.B.); bei Alt-Wallmoden (v. d. Decken Georg)
Reindertingerode;	bei Goslar (H.I.B.)
Schonenvorde;	zwischen Goslar Hainholz und – Vahrenwald (Grupe)
Steinberg;	bei Goslar (H.I.B.)
Sudburg;	am Fuße des Sudmerberges bei Goslar (Delius Harzburg); + Sudburg-Reinterdingerode; Petersstift zu Goslar; gegründet um 800, wüst nach 1349, heute an dieser Stelle Unter-Oker
Thietwardingerode;	jetzt Grauhof (H.I.B.)
Wertbeke;	bei Schulenberg (Hodenb.)
Wittlingerode;	bei Wiedelah (B.Hil.)

Güntersberge

Biceroth;	(Ed. Ja.)
Billingrode ;	(Ed. Ja.) nordöstlich von Bärenrode
Bitzgerode;	(Ed. Ja.) in einem Tal nördlich von Güntersberge
Eschenrode;	(Ed. Ja.)
Essekenrode;	(Ed. Ja.) bei Bärenrode
Fitzerode;	(Ed. Ja.)
Knippingberg;	(Ed. Ja.)
Lindenberg;	(Ed. Ja.) im Lindenbergtal vor Straßberg

Halberstadt

Archstedte;	zwischen Dingelstedt und Halberstadt (Dingelstedter tab. geogr. Halberstadt; Halberst. gemein. Unterhaltungen 1804)
Arnaldesheim;	bei Hessen (Neue Halberst. Mitteil. 1826)
Balhorn;	zwischen Mulmke und Sonnenburg (Dingelstedt tab. geogr.); bei Danstedt (Neue Halberst. Mitteil. 1826)
****Banenburg;***	bei Westerburg
Banendorp;	bei Dedeleben (Halberst. Mitteil. 1826)
Klein-Blankenburg;	bei Halberstadt (Halberst. Gem. Unterh. 1806; neue Halb. Mitteil. 1826)
Bosleve (Bussleve);	bei Halberstadt vor dem Gröperthore ; (H.M. 1826, 162; G.U. 1806)
Brockensted;	bei Keimburg und Langenstein; (H.B.L); bei Langenstein und Redestein (H.M. 1826)
Colbek;	bei Dannstedt (H.M. 1826)

Diepen-Niendorp;	bei Huy-Neinstedt (R.M.; H.M.)
Dore;	bei Eilenstedt am Huy (G.U. 1806)
Ebbekestorp;	bei Langenstein (G.U. 1806)
Erxstidde;	bei Langenstein (L.); vor Halberstadt nach Derenburg zu (G.U.)
Freveli;	zwischen Wegeleben und Groß-Quenstedt (G.U.1807)
Glüsing;	zwischen Deersheim und Vogelsdorf (Dt.); bei Dedeleben (v. St.)
Gross-Ueplingen;	zwischen Deersheim und Vogelsdorf (Dt.); zwischen Dardesheim und Westerburg (L.; H.M.); zwischen Dardesheim und Rohrsheim (v. St.)
****Hannigeroth;***	bei Lüttgenrode , Stötterlingenburg
Harpstede;	bei Halberstadt (H.M. 1826)
Hartingow;	Burg vor Halberstadt (H.M. 1826)
Hazmestorp;	zwischen Hordorf und Haus-Nienburg hinter dem Huy (Dt.)
Hodal;	bei Pabstorf (H.B.)
Hoehe;	bei der Ziegelei zwischen Hoppenstedt und Veltheim (Dr. Topp)
Hohen-Niendorp;	bei Wulferstedt (R.M.); bei Schwanebeck (L.); zwischen Wulferstedt, Schwanebeck, Crottorf und Nienburg (v. St.)
Holtemmeditfurt;	zwischen Derenburg und Halberstadt (Dt.); bei Mahndorf (L.; H.M. 1826); ½ Stunde von Halberstadt zwischen Halberstadt und Derenburg bei dem wüsten Mahndorf (v. St.)
****Hoppelnburg;***	bei Langenstein
Klein-Harsleben;	bei Harsleben (L.); bei der Molkenmühle (H.M. 1826)
Klein-Hersleve;	¼ Stunde südlich von Halberstadt bei der Molkenmühle (v. St.)
Klein-Ueplingen;	zwischen Dardesheim und Rohrsheim (v. St.)
Klein-Wehrstedte;	bei Wehrstedt (H.M.)
Klein-Wulferstedt;	zwischen Wulferstedt und Haus-Nienburg (Dt.; R.M.)
Kreiendorf;	zwischen Halberstadt und Wegeleben (Dt.; H.M. 1826)
Kublingen;	bei Halberstadt (G.U. 1806)
Kuehlingen;	bei Halberstadt (H.M. 1806)
Kuhley;	mit Wegeleben vereinigt (K.A.)

Monnekendorp;	zwischen Nienhagen und Kloster Gröningen (Dt.; H.M. 1826)
Neindorp;	zwischen Emersleben und Wegeleben (Dt.)
Neindorp;	zwischen Langenstein und Halberstadt am Goldbach (Dt.; H.M. 1826; v.St.)
Nettorp;	am Bruchgraben (Dt.); im Amte Westerburg (L.); bei Dedeleben (H.M.); in der Flur von Rohrsheim nach Dardesheim (v. St.)
****Niendorp**;*	zwischen Zilly und Sonnenburg
Nord-Gröningen,	bei Gröningen (G.U. 1807)
Veer-Neinstedt;	zwischen Wulferstedt und Schlanstedt/ östlich von Schlanstedt (Dt.)
****Nortlere;***	bei Wasserleben nach Zilly zu
Ober-Runstedt;	im Amte Westerburg (L.); ¾ Stunde westlich von Halberstadt (v. St.)
Oldendorp;	bei Sarstedt (B.Hil.)
Olenburg;	bei Badersleben (R.M.)
Onungendorp;	Amt Westerburg bei Dedeleben (L.)
Rorbeke;	bei Pabstorf (H.M.)
Runstedt;	zwischen Sargstedt und Groß-Quenstedt (Dt.); zwischen Sargstedt, Halberstedt und dem Huy (H.B.L.)
Schalkesburg;	bei Mulmke (Werniger. Intelligenzblatt 1811)
Sedorp;	zwischen Badersleben und Eilsdorf (Dt.); bei Anderbeck und im Amt Westerburg (L.)
Someringen;	bei Pabstorf (H.B.); bei Anderbeck (L.); nördlich von Pabstorf am Großen Bruch (H.M.)
Stohrbeck;	bei Pabstorf (H.B.)
Ursleben;	bei Krottorf (R.M.)
Wedde;	bei Danstedt (H.M.)
Wetteborn;	zwischen Danstedt und dem zu Zilly gehörigen Vorwerk Sonnenburg (Dt.; H.M. 1826)
Wiby (Wybi);	bei Wegeleben (K.A.); bei Harsleben (H.B.L.; H.M.)
Winzersdorf;	bei Halberstedt (H.M. 1826)

Hasselfelde

+ ***Dovbonrod*** (Dovenroth);	einst wohl zum Königshof Bodfeld gehörend – südlich von Elbingerode gelegen
+ ***Echelinrod*** (Helbelingerod);	Nennung 1227; Wüstung zwischen Elbingerode und Hüttenrode, in der Nähe des Eggeröder

	Brunnens
Kalenberg;	zwischen Benneckenstein und Hasselfelde (Dt.)
Schöneburg;	bei Altenbrak und Wendefurt (H.B.)
Volpeshagen;	bei Allrode Amt Stiege (H.B.)

<u>Harzgerode</u>

Abtsförde;	(Ed. Ja.) im Harzgeröderischen
Berbeyme;	(Ed. Ja.) im Harzgeröderischen
+ ***Bernezinerothe;***	erste Nennung 1179; etwa ab Anfang des 13. Jahrhunderts wüst; in der Reformationszeit Amtshaus und Vorwerk durch Graf Bodo von Stolberg – heute Bärenrode
Biscofrode;	(Ed. Ja.) unterhalb der Erichsburg zwischen Harzgerode und Thale
Bolkendorf;	(Ed. Ja.) im Harzgeröderischen
Everswende;	(Ed. Ja.) zw. Harzgerode und Güntersberge
Hagenrode;	bei Harzgerode (N. 83)
Konrode;	(Ed. Ja.) bei Alexisbad
Mizzelohe;	(Ed. Ja.)
Osterdorf;	(Ed. Ja.) im Harzgeröderischen
Polkendorp;	zwischen Harzgerode und Neudorf (Thüringen und der Harz)
Rudolfsrode;	(Ed. Ja.)
Selkenfelde;	(Ed. Ja.) bei Alexisbad
Vitzenhagen;	bei Königerode (GU.)
Wenfeld;	(Ed. Ja.) bei Schielo
Wiebeck;	(Ed. Ja.)

<u>Mansfeld</u>

Eineborn;	(Ed. Ja.) an der Einequelle
Ellfingen;	(Ed. Ja.) bei Abberode
Mathilderode;	(Ed. Ja.)
Mechtilderode;	heute Ziegelrode (v. St.)

<u>Nordhausen</u>

Makkenroth;	(Ed. Ja.) im Klettenburgischen

<u>Osterode</u>

Motlevingeroth;	zwischen Osterode und Dorste (Harenberg)

Soese (Susa); zwischen Elwertshausen und Dorste (V.A.)

Osterwieck

****Bechtenesheim;*** (Berheim); bei Deersheim

****Beck;*** bei Osterwieck

Berwinkel; am Fallstein bei Osterwieck (Neue Halb. Mitteil. 1826; Dingelstedt tab. geogr. Halb.)

Biestede; zwischen Hornburg und Suderode (Dr. Topp); zwischen Hornburg und Rimbeck (Halberst. Blätter 1823; Halb. Mitteil. 1826)

****Biscopingeroth;*** zwischen Osterwieck, Schauen und Stötterlingenburg, bei der ausgerodeten Holzung Ganne (*Copiar des Kl. Stötterlingenburg)*

Drondorp; wahrscheinlich bei Osterwieck am Drohnethurm vor dem Fallstein

****Hüllingeride;*** bei Schauen nach Abberode zu

****Linden;*** zwischen Hessen und Osterwieck, nach dem Fallstein zu – zwischen Hessen und Veltheim (H.B.)

****Marbeke;*** zwischen Zilly, Berßel und Langeln (Dt.; H.M. 1826; v.St.)

Muggenborch; zwischen Hornburg und Rimbeck an der Ilse (Dr. Topp)

****Nortrode;*** bei Osterwieck

****Odorp;*** zwischen Schauen, Berßel und Wasserleben

Otterode; zwischen Osterode und Hoppenstedt (Dr. Topp)

****Stein;*** (Steinnecke, Steimmecke); bei Veltheim vor dem Fallstein (Copion. Vicar.Halberst. mscpt.); zwischen Osterode und Veltheim (Dt,; H.M.)

Toennigerode; zwischen Hornburg und Rimbeck (Dr. Topp; H.M.)

****Walewighe;*** (Walwy); am Fallstein bei Osterwieck (H.M.)

****Westerbeck;*** bei Osterwieck (H.M. 1826)

Zesel; östlich von Hornburg nach Osterode zu (H.B.L.; Dr. Topp)

Quedlinburg

Adelholdesrode; wahrscheinlich bei der Aholzwarte vor Quedlinburg (H.B.L. 1823)

Ballersleve; zwischen Quedlinburg und Wedderstedt (Dingelstedt l.c.; Halberst. Blätter 1823; Halberst.

	Gemeinnützige Unterh. 1806); vor dem Oeringer Thore nach Ditfurt zu (Kettner Ant.Quedlinb.)
Bicklinge;	bei Quedlinburg vor dem Pölkethore (Kettner Ant.Quedl.); südlich von Quedlinburg (Dingelstedt l.c.); zwischen Badeborn und Gatersleben (Beckmann hist. Anhalt); im Amte Gernrode (Thüringen und der Harz)
Brunsdorp;	nördlich von Nachterstedt; (Dt.); im Amte Gatersleben (G.U. 1806); zwischen Hausneindorf und Schadeleben am ehemaligen Gaterslebenschen See (v. St.)
Camp (Camperode);	nördlich von Münchenhof (Dt.); südlich von Harsleben nach dem Steinholze zu (v. St., H.M. 1826)
Domburg;	bei Heteborn (R.M.; G.U.)
Gersdorf;	östlich von Quedlinburg (H.B.L.)
#Groß-Orden;	bei Quedlinburg nordöstlich nach Badeborn zu, am Schenkenberg und der B6n (K.Q.)
Gross-Sallersleben;	zwischen Quedlinburg und Münchenhof (Dt.); vor dem Gröpernthore nach Ditfurt zu (K.Q.); auf einer Höhe westlich des Lehofberges (Thüringen und der Harz)
Guntekenburg,	bei Quedlinburg (W.S.)
Habendorf;	im Amte Gatersleben (L.)
Hohen-Wedderstedt;	zwischen Wegeleben und Ditfurt (H.B.); südlich von Wegeleben an der Bode (v. St.)
Ilenstedt (Ildelenstedt);	südöstlich von Ballersleben (H.B.L. 1823); bei Quedlinburg vor dem Oehringer Thore nach Gatersleben (K.Q.; L.)
Klein-Ditfurt;	bei Quedlinburg vor dem Gröperntor nach Wegeleben zu (K.Q.); ½ Stunde nordwestlich von Ditfurt (Thüringen und der Harz)
Klein-Sallersleben;	nordöstlich von Gross-Sallersleben (H.B.L.)
#Klein-Orden;	bei Quedlinburg nach Hedersleben (K.Q.)
Knüppelrode;	bei Quedlinburg (H.B.); nach Neinstedt zu (K.Q.); zwischen dem Brühl und Dippenworth, wo der von Suderode kommende Bach in die Bode fällt (Thüringen und Harz)
#Marsleben;	bei Quedlinburg unterhalb des Steinholzes, rechts und links der B6n
Ollenburg;	vor dem Wasserthor bei Quedlinburg (K.Q.)
Orden;	(Orehun, Orthan, Hortehen, Oeringen) zwischen Quedlinburg und Gateresleben (Dt.)

Quarenbeek;	südlich von Quedlinburg (Dt.; H.B.); nach Neinstedt zu (K.Q.)
Sulten (Sultian);	neben Groß-Orden (H.B.L.); zwischen Hoym und Quedlinburg (H.M.G.)
Tekendorp;	vor dem Gröpernthor zwischen Quedlinburg und Ditfurt
Todenfus;	bei Quedlinburg vor dem Oehringerthor (K.Q.)
Vallersleben;	*bei* Quedlinburg auf der Krugwiese vor dem Gröperthor (K.Q.)

Salzgitter

Reinlevissen;	1359 bereits wüst; bei Sehlde (V.A. 1858)
Scharenburg;	bei Lengede an der Oker (H.I.B.)
Swavenburg;	bei Heersum (H.I.B.)

Sangerhausen

Brunbeke;	zwischen Pölsfeld und Friesdorf; (v. St.)
Heskerode (Hessenrode);	südlich von Riestedt v. St.)
Heydekensole;	südlich von Sangerhausen (v. St.)
Kiselhusen;	bei Sangerhausen (Hann. Ge. Anz. 1753; v. St.)
Luchtenhagen;	zwischen Piskaborn und Wippra (v. St.)
Schoppesfelde;	zwischen Sangerhausen und Emseloh (v. St.)
Stammerenrod;	(Ed. Ja.)
Werningrode;	(Ed. Ja.)

Seesen

Alte Burg;	bei Lamspringe (H.I.B.)
Ammenhausen;	bei Lamspringe (Koken Winzenburg); bei Neuhof Amt Bilderlahe (H.I.B.)
Arnulfhusen;	bei Bilderlahe (Harenberg Gandersheim)
Bolgh;	bei Seesen (H.I.B.)
Brunshausen;	bei Lamspringe (H.I.B.)
Clawensen;	zwischen Kloster Brunshausen und Wolperode (H.I.B)
Derossingerode;	bei Gandersheim (H.I.B)
Emelingerode;	bei Seesen (H.I.B.)
Hevehusen;	zwischen Mechthausen und Rhüden (Harenb.)

Heverhagen;	bei Gandersheim (H.I.B.)
Hiseshausen;	zwischen Lamspringe und Rhüden (H.I.B.)
Hokensen,	bei Bockenem (H.I.B.)
Hostert;	bei Bockenem (H.I.B.)
Insula castrum;	bei Rhüden / Klein-Rhüden (H.B.)
Ludolfesfeld (Ludolfesheim);	bei Gandersheim (H.I.B.)
Meveshausen;	bei Seesen (H.B.)
Nienstedt;	bei Seesen (H.B.); zwischen Seesen und Bilderlah (H.I.B.; Harenberg)
Panzhausen;	bei Klein-Rhüden (H.B.)
Pedel;	unter dem Kreienborn bei Seesen (H.B.)
Redinghausen;	Aushof von Lamspringe bei Gehrenrode (Koken); zwischen Woldershausen und Lamspringe (H.I.B.)
Regershausen;	bei Lamspringe (Koken)
Reinershausen;	bei Klein-Rhüden (H.B.)
Reinshausen;	hinter dem Schweinerücken bei Seesen (H.G.B.)
Rolfshagen;	bei Lamspringe (Koken Winzenburg)
Schildberg;	Burg bei Seesen (H.I.B.)
Sokenze;	bei Bockenem (Buchholz)
Stavershausen;	bei Seesen (H.B.)
Wardessen = Warzen	bei Alfeld (Hann. Mag. 1753)
Wrochthausen;	bei Seesen (H.I.B.)
Zeninge;	bei Rhüden (H.I.B.)

<u>Schladen</u>

Abbenrode;	zwischen Isingerode und der Steinfelder Mühle (H.M. 1826)
Albessen;	zwischen Beuchte und Schladen (Dr. Topp; v. Rössing); bei Weddingen und Beuchte (H.I.B.)
Brunsda;	nördlich von Hornburg; (H.M. 1826)
Denrode;	südöstlich von Hornburg – am Fallstein (Dr. Topp)
Gusebude;	dicht bei Hornburg nach Süd-Osten (Dr. Topp)
Hetelde;	bei Schladen (H.I.B.)
Hohenrode;	zwischen Rhoden und dem Fallstein (Dr. Topp)
Nortrode;	zwischen Hornburg und Achim (Dr. Topp); in der Feldmark von Rhoden (H.M.)
Weddelingerode;	bei Gielde (H.I.B.)
Werla;	Reichspfalz bei Schladen (H.I.B.)
Wernaburg;	bei Schladen und Burgdorf (H.I.B.)
Westerode;	bei Hornburg (L.; H.B.L.1823; H.M.1826); südwestlich von Hornburg; der Kirchhof ist der

	Gemeinde Isingerode abgetreten (Dr. Topp)
Wüst-Beuchte;	bei Beuchte Amt Liebenburg (Dr. Topp)
Ykenrode;	nordwestlich von Hornburg (Dr. Topp; H.M. 1826)

Schöningen

Allum;	bei Schöppenstedt (H.B.)
Kreitlingen;	nördlich von Jerxheim (H.B.)
Mehrdorf;	bei Jerxheim und Söllingen (H.M.; Hohmannsche Karte von Hildesheim von Arenhold)
Seker;	südlich von Jerxheim (H.B.); bei Jerxheim und Söllingen (H.M.)
Twelken;	bei Schöppenstedt (H.B.; Gesenius Meierrecht)
Wendorp;	bei Barneberg(B.N.); bei Jerxheim (H.B.)
Westendorf;	seit 1418 mit Schöppenstedt verbunden

Thale

+ ***Ecgihartingerode;***	Wüstung Eggerode zwischen Thale und Wienrode
Ergostede;	unterhalb von Stecklenberg, zum Kloster Michaelstein zugeschlagen (N.112 nota; G.U.1806)
Lauenburg;	bei Stecklenberg (K.Q.)
Wendhusen;	bei Thale – einst Kloster (R.M.)

Wernigerode

Didersingerode;	bei Schmatzfeld (Stadt Wernigeröder Flurkarte)
****Ellingen;***	bei Stapelburg Grafsch. Wernigerode
Godenhusen;	bei Derenburg (L.; H.M.1826; G.U. 1806); am Wege nach Silstedt (Halberst. Intel. Blatt)
Göddehusen;	bei Benzingerode (H.B.)
****Himmelpforte;***	ehemaliges Kloster zwischen Wernigerode und Ilsenburg
Hinschingerode;	zwischen Benzingerode und Wernigerode (Dt.); bei Wernigerode nach Silstedt zu (mit Hilfe des Bürgermeisters Herzer aus Wernigerode)
****Huslere;***	bei Wasserleben
Kuelingerode;	bei Abbenrode (H.M.1826)
****Marklingerode;***	zwischen Wernigerode und Ilsenburg
Rimbeck; (Rimmecke)	bei Wernigerode und Silstedt (Dt.)
Sivershusen;	zwischen Derenburg und Dannstedt (Dt.; H.M.)

+Steinbrok;	bei Darlingerode siehe Mbl. Wernigerode 4230, die Wüstung liegt allerdings zirka 900 Meter südlicher als dort eingetragen (nach Bodo Römer, Darlingerode)
Tedercingerode;	in der Grafschaft Wernigerode (H.M.G.)
Utzleben;	zwischen Derenburg und Silstedt (Dt.; H.M.)
+Wenden;	bei Darlingerode bei dem Klosterhof mit Burg (Wendenburg) etwa zwischen Rammelsbach im Osten und Wendenweg im Norden, aber nicht auf der im MBl. angegebenen Stelle; Aufgabe des Hofes und wohl auch des Dorfes gegen Ende des 14. Jahrhunderts
Wichausen;	bei Derenburg (Dt.; H.M.)

Wippra

Gardulfsrode;	(Ed. Ja.) bei Stabgerode
Fulkmeresrode;	(Ed. Ja.) bei Stangerode
Wibike;	(Ed. Ja.) bei Tilkerode
Redingen;	(Ed. Ja.) im Amte Rammelsburg

Wolfenbüttel

Klein-Adersheim;	bei Adersheim (H.I.B.)
Lechede;	bei Wolfenbüttel (H.B.)
Oldendorf;	bei Schöppenstedt (H.B.)
Stekelenborg;	jetzt Hedwigsburg bei Wolfenbüttel (H.B.)

Der Harz in Jahreszahlen von 700 bis 1250

8. Jh. einige „Heydenstiege“

700 In der Merowingerzeit soll im Raum Fulda ein fränkischer Königshof gelegen haben, der um das Jahr 700 durch einen Einfall der Sachsen zerstört wurde.

701 Liutpert war der Sohn des Langobardenkönigs Cunincpert und seiner angelsächsischen Frau Hermelinda und von 700 bis 701 Langobardenkönig

702 Tod von Egica, König der Goten

703 Die **Annales mosellani** (oder *mosellenses*, abgekürzt AM) sind ein Teil der Reichsannalen des Fränkischen Reichs; sie decken die Jahre 703 bis 798 ab

704 die ältesten, urkundlich benannten Orte der Region sind im Thüringer Becken angesiedelt und heißen Arnstadt, Mühlberg und Großmonra; sie wurden in der Hedenschen Schenkungsurkunde genannt

705 um 705 gründete der heilige Willibrord das Kloster Echternach (heute Luxemburg) dem er umfangreichen Besitz in Nordthüringen zukommen ließ

706 Tonndorf in Thüringen (LK Weimarer Land) wird urkundlich als *Tunecdorf* erstmals erwähnt

707 wurde Gregor von Utrecht geboren, der später auf Missionarsreisen nach Thüringen, Sachsen und Hessen ging

708 soll das St. Paul Kloster in Erfurt gegründet worden sein

709 Lantfrid und sein Bruder Theudebald, aus dem Hause der Agilolfinger, wurden alamannische Herzöge

710 mutmaßliche Geburt der heiligen Walburga; im Mittelalter war auch die Feier ihrer Heiligsprechung und der Umbettung ihrer Gebeine am 1. Mai weit verbreitet – daher heißt die Nacht zum 1. Mai Walpurgisnacht

711 für die Region von Südhannover ist eine große Überschwemmung überliefert

712 Liutprand war in den Jahren 712 bis 744 König der Langobarden

713 Tod des heiligen Suitbert; wandte sich der Bekehrung der Brukterer zwischen Ruhr und Lippe zu; dort muss er erfolgreich gewirkt haben, als dieser Stamm von eindringenden Sachsen unterworfen wurde.

714 Tod des Franken Pippin des Mittleren; eine der wichtigsten militärischen Leistungen Pippins war die Eroberung Frieslands (690/695), die die Voraussetzung für die Christianisierung der Friesen durch den angelsächsischen Mönch Willibrord war.

715 Jahrbücher von Fulda oder Fuldaer Annalen beginnen über das ostfränkische Reich zu berichten

716 stand Friesenherzog Radbod mit einem Heer vor Köln und besiegte dort die Karolinger unter Hausmeier Karl Martell, der dort seine erste und einzige Niederlage hinnehmen musste. Die bis dahin in diesem Raum errichteten Kirchen wurden abgerissen und niedergebrannt, die Priester und Missionare wurden vertrieben und die alten heidnischen Tempel wiederhergestellt.

717 vermuteter Tod des Heiligen Erhard von Regensburg, der als Wandermönch Vorreiter des Christlichen Glaubens in Bayern war

718 Merowingerkönig Chilperich II. schloss mit Friesenherzog Radbod ein Zweckbündnis gegen die Karolinger

719 Tod Radbods, des bekanntesten Königs des Großfriesischen Reiches; Radbod versuchte sich, in seiner gesamten 40-jährigen Herrschaft, gegen die Christianisierung durch die Franken zu wehren
720 Childerich III., letzter Merowingerkönig, wurde geboren
721 Bonifatius errichtet unterhalb der Burg Amöneburg, östlich von Marburg in Hessen, ein kleines Kloster
722 wird Bonifatius vom Papst mit der Missionierung im Raum östlich von Rhein und Main betraut
723 Bonifatius ließ das germanische Heiligtum, die Donareiche bei Fritzlar, in Gegenwart der Chatten fällen, was als Anfang der Christianisierung in Norddeutschland gelten kann
724 Bonifatius gründet des Kloster Fritzlar, wo der Heilige Felix von Fritzlar Mönch war
725 Gründete Bonifatius das erste thüringische Kloster in Ohrdruf, das dem heiligen Michael geweiht war
726 ging Arnstadt in Thüringen an die Abtei Echternach und später durch Tausch an die Abtei Hersfeld über
727 Ruthard, der als Stammvater der Welfen gilt, gründete mit Abtbischof Pirmin das Kloster Gegenbach am Rande des Schwarzwalds
728 wahrscheinliche Gründung des Kloster Buron in Benediktbeuren durch Karl Martell bei einem Feldzug durch Süddeutschland
729 Schlacht bei Ravenna zwischen den Italienern und dem byzantinischen Reich
730 Karl Martell führte einen Kriegszug gegen die alemannischen Herzöge, was das Ende des alemannischen Herzogtums einleitete
731 Bonifatius soll Gebesee bei Sömmerda in Thüringen besucht haben
732 laut Legende weihte Bonifatius die Steinkirche in Scharzfeld und wird zum Erzbischof ernannt
733 erster Feldzug Karl Martells gegen die Friesen
734 schlug Karl Martell die Friesen in der Schlacht an der Boorne
735 eroberte der fränkische Hausmeier Karl Martell die Gegend um Halle
736 Thamsbrück bei Bad Langensalza wird erstmals erwähnt
737 Tod von Theuderich IV., dem vorletzten merowingischen Frankenkönig
738 ganz Mitteleuropa leidet unter einem extrem heißen und trockenen Sommer
739 Bonifatius gründete die Bistümer Regensburg, Freising und Passau
740 Vermutliche Anlage des Königshofs Duisburg
741 auf dem Sachsenstein bei Sachsa wurden Wallburgen errichtet; der über 27 Jahre andauernde Kampf von Karl Martell gegen die Sachsen endete mit seinem Tod
742 erste urkundliche Nennung von Erfurt
743 „Es rückte daher Karlmann durch Thüringen in die Gegend des nordöstlichen Harzes, erobert das Schloss des sächsischen Häuptlings Dietrich und zwingt ihn sich zu unterwerfen“
744 Feldzüge des Karolingers Karlmann, Sohn von Karl Martell, bis an den Harz; Eroberung der Feste Hoohseoburg / der fränkische Hausmeier Pippin zog mit seinem Heer über den Harzstieg Kaiserweg

745 wurde Bonifatius Erzbischof von Mainz und festigte die Grenzen seines Sprengels in Nordthüringen und dem Südharz, das Gebiet von Nordhausen über Ilfeld bis nach Gandersheim, welches er vorher missioniert hatte
746 Bonifatius wurde Bischof von Erfurt
747 Ohrum im Okertal wird erstmals erwähnt
748 Nach Ende des Bruderkrieges zwischen dem Franken Pippin dem Jüngeren und Grifo, der Zuflucht am Harz bei den Nordschwaben gesucht hatte, baten ein Teil dieser Nordschwaben am Harz um die Taufe; die ersten Christengemeinden am Harz, im Schwaben- und Hassegau entstanden; in seinem Eroberungszug gegen die Nordschwaben eroberte Pippin im Hassegau die Hoohseoburg und zog weiter nach Ohrum an die Oker über Schöningen
749 die Franken zerschlugen die letzten alemannisch-schwäbischen Strukturen, womit die alemannischen und schwäbischen Stammesverbände abschließend ins fränkische Reich integriert waren
750 die Franken fordern von den Sachsen jährlich 300 Pferde als Tribut
751 begann vermutlich die erste fränkische Landnahme in der Harzregion sowie die Schaffung erster christlicher Zentren, aus denen später die Bistümer Hildesheim und Halberstadt entstanden
752 Erste Nennung von Graf Ruthard, der zu den Stammvätern der Welfen gezählt wird
753 Pippin der Kurze zog das erste Mal durch die Lutterer Beckenlandschaft im nordwestl. Harzvorland
754 Pippin führte einen Kriegszug gegen die Langobarden
755 Bonifatius stirbt den Märtyrertod; das Bistum Erfurt wurde mit dem von Mainz vereint
756 Italienfeldzug von Pippin dem Kurzen
757 Pippin der Kurze zog erneut durch die Lutterer Beckenlandschaft im nordwestl. Harzvorland
758 machte König Pippin das Sachsenvolk tributpflichtig
759 Pippin unternahm einen Feldzug in das Sachsenreich bis zum Harz
760 Ersterwähnung der St. Laurentiuskirche in Sundhausen bei Nordhausen
761 Walburga, die angenommene Namensgeberin von Walpurgis wurde nach dem Tod ihres Bruders Wunibald Äbtissin des Klosters Heidenheim
762 wurde Bagdad als Hauptstadt des islamischen Reiches gegründet
763 Erstmalige Erwähnung des Hopfens in Geisenfeld/Bayern
764 Gründung des Klosters Lorsch / beispiellos strenger Winter, der bislang wohl härteste, nachgewiesene in Mitteleuropa
765 wird die Pfalz Aachen erstmals erwähnt, die Karl der Große später zur Kaiserpfalz ausbaute
766 wurde die erste Bierurkunde der Welt erstellt – eine Lieferung von Geisingen an der Donau ins Kloster St.Gallen / Rhabanus Maurus(später Erzbischof von Mainz) wird geboren
767 zahlreiche Orte aus dem heutigen Baden-Württemberg, Rheinland-Pfalz, Hessen und Nordrhein-Westfalen werden erstmals im Lorscher Codex genannt
768 starb Pippin der Jüngere und seine Söhne Karl und Karlmann teilten sich die fränkische Königsherrschaft

769 gründete der Mainzer Bischof Lullus das Benediktinerkloster Hersfeld

770 die Justianische Pest (wahrscheinlich Beulenpest), die vom Jahr 541 an in etwa 12-jährigem Rhythmus immer wiederkehrte und große Teile der Bevölkerung von Süd-, West- und Mitteleuropa sowie von Kleinasien und Nordafrika dahinraffte (geschätzt ein Viertel der Bevölkerung), verschwand für fast 5 Jahrhunderte

771 das Benediktinerkloster Lorsch wurde Reichskloster

772 Beginn der Sachsenkriege und der Missionierung der Sachsenstämme / Zerstörung der Irminsul, des größten Heiligtums der Sachsen durch Karl den Großen / extreme Trockenheit im Sommer, unter der die Truppen von Karl dem Großen mächtig litten – selbst die Harzquellen sollen versiegt gewesen sein

773 Beginn des Langobardenfeldzuges durch Karl den Großen

774 der dreiteilige christliche Lobgesang (Krönungsliturgie), mit dem das Volk über das gesamte Mittelalter nach der Krönung seinem König huldigte, soll zu Ostern dieses Jahres, nach der Eroberung des Langobardenreiches durch Karl den Großen, erstmals verwendet worden sein

775 Karl der Große zieht gegen die Sachsen bis zur Oker; der sächsische Graf Hessi (mit Besitzungen im Oker- und Bodegebiet) lässt sich taufen und gelobt Karl dem Großen Treue

776 erneuter Aufstand der Sachsen sowie anschließende Niederwerfung durch Karl den Großen

777 Widukind wurde als Herzog der Sachsen erstmals erwähnt; Graf Hessi nahm an der Reichsversammlung in Paderborn teil; Ersterwähnung von Heldrungen am Kyffhäuser

778 der „Sage von der Bremer Gluckhenne" nach, wurde in diesem Jahr Bremen gegründet / soll Haymo, späterer Bischof von Halberstadt, geboren sein

779 der Ort Gräfentonna im Landkreis Gotha wird erstmals urkundlich erwähnt

780 wird der Liergau, als Gaugrafschaft Teil der sächsischen Provinz Ostfalen, erstmals erwähnt; Karl der Große kam das zweite Mal mit seinem Heer an die Oker und überschritt sie bis zur Ilse und wählte einen Ort für die erste Harzer Klostergründung, das spätere Osterwieck

781 Wittingen im Landkreis Gifhorn wird erstmals urkundlich erwähnt

782 Übertragung der Fränkischen Grafschaftsverfassung auf das Gebiet des Sächsischen Stammesverbandes durch Karl den Großen; Sachsenaufstand, besonders der Westfalen gegen die Franken, blutiges Standgericht an der Aller, 4 500 Sachsen wurden angeblich enthauptet

783 Tod von Bertrada, Mutter von Karl dem Großen; erneuter Sachsenaufstand und erneute blutige Niederlage in der Schlacht bei Detmold gegen die Franken

784 die Friesen verbünden sich mit Widukinds Sachsen gegen Karl den Großen; dritter Sachsenaufstand in Folge, auch im Vorharz, Karl dringt mit seinem Heer bis Staßfurt und Schöningen vor; die Ostfalen unterwerfen sich und machen mit Karl einen Vertrag, der beinhaltet: Errichtung eines Bistums in Osterwieck, Bau und Ausstattung von Kirchen, Taufe binnen Jahresfrist, Aufgabe aller heidnischen Gebräuche, Treueeid auf die fränkischen Könige (Urkunde ist strittig)

785 Widukind, Herzog von Sachsen und Heerführer gegen Karl den Großen im

Sachsenkrieg, lässt sich taufen und erkennt damit den christlichen Glauben an; er erreichte damit einen kurzzeitigen Friedensvertrag, danach verschwand er aus den Quellenberichten; Karl der Große erlässt ein Gesetz für die Sachsen

786 Schwebda, heute Ortsteil von Meinhard bei Kassel, wurde erstmals erwähnt

787 Gründung des Bistums Bremen / Reichsversammlung unter Karl dem Großen auf der Kaiserpfalz Ingelheim

788 Tassilo III. war der letzte Herzog von Bayern aus dem Geschlecht der Agilolfinger, wurde von Karl dem Großen abgesetzt und ins Kloster verbannt

789 in einem Dekret von Karl dem Großen wurde die Feuerbestattung verboten

790 der heutige Offenbacher Stadtteil Bürgel wird erstmals im Lorscher Codex erwähnt

791 missionierte der Friesenapostel Liudger die Ostfriesen und gründete eine erste Kapelle bei Leer

792 der erste Bremer Dom wurde nur drei Jahre nach seiner Fertigstellung in den Sachsenkriegen vollständig zerstört

793 die Itterburg bei Vöhl, in der Region Kassel, wird erstmals erwähnt

794 Münzreform Karls des Großen und Schaffung des Karlspfundes

795 zog Karl der Große in den Bardengau, eine Landschaft bei Lüneburg an der unteren Elbe, um dort mit den Sachsen zu kämpfen

796 der Ort Themar bei Hildburghausen in Thüringen wird erstmals erwähnt

797 Gründung des Domgymnasiums Paulinum in Münster als eines der ältesten in Europa

798 in Bornhöved ,im Landkreis Segeberg, kam es zur Schlacht zwischen den mit Karl dem Großen verbündeten Slawen und den Sachsen

799 erste urkundliche Erwähnung von Borsum bei Hildesheim

um 800 die „Chirsenbrucge“ (heute Kissenbrück) ist die älteste urkundlich bezeugte Okerbrücke; Hamelns älteste Getreidemühle wird urkundlich erwähnt; im Mauerwerk der Pfalz beim Dorf Pöhlde (Osterode) ist bereits Gipsmörtel verwendet worden; zunehmende Waldrodungen im Vorharzgebiet, der Harz selber bleibt noch unberührt; Wisent und Auerochse werden aus dem Harz erwähnt

800 der Karolinger Karl der Große wird in Aachen zum römischen Kaiser gekrönt

801 villa Berghoe, auf dem Gelände der Sinzingburg bei Hersfeld, wird von 14 namentlich genannten germanischen Adligen an das Kloster Fulda geschenkt

802 der Ort Ehrsten, heute Bestandteil von Calden (Landkreis Kassel), wird in den Klosterakten von Fulda und Corvey genannt

803 in einer Urkunde von Karl dem Großen werden die Grenzen des Bistums Halberstadt benannt

804 Gründung des Bistums Halberstadt im heutigen Osterwieck durch Karl den Großen / Ende der Sachsenkriege; Tod des Harzgrafen Hessi / erste Nennung der Quedlinburger Wüstung Groß Orden

805 der Ort Rudersdorf im Thüringer Becken, bei Buttstädt, wird erstmals im Hersfelder Güterverzeichnis erwähnt

806 Geburt von Graf Liudolf von Sachsen, Begründer des Geschlechts der Liudofinger und Geburt von Oda, seiner späteren Gemahlin / König Karl, ältester Sohn Karls des Großen, zieht mit einem Heer an Saale und Elbe entlang, um sowohl in Halle wie

auch in Magdeburg Befestigungen anzulegen

807 Ossenheim im Wetteraukreis wird erstmals erwähnt

808 erfolgreiche Feldzüge von Karl dem Großen gegen sächsische Stämme in Norddeutschland

809 Bischof Hildegrim von Halberstadt wird auch Helmstedter Bischof

810 wurde die sechzigseitige Handschrift „Kasseler Gespräche" angefertigt

811 Karl der Jüngere, zweiter Sohn von Karl dem Großen, stirbt

812 oder 808 errichtete der sächsische Graf Bernhard eine Eigenkapelle, die als Keimzelle des Klosters und des Ortes Hameln gilt

813 auf einer Synode ließ Kaiser Ludwig der Fromme den Michaelstag einführen, er wurde in die Woche des Festes für den heidnischen Gott Wodan gelegt, zahlreiche Michaelskapellen in Norddeutschland weisen auf vorherige Wodan-Heiligtümer hin

814 Karl der Große stirbt in Aachen

815 das Bistum Hildesheim wird gegründet und mit ihm die Bistumsbibliothek

816 Ludwig der Fromme wird vom Papst zum Kaiser gekrönt

817 Gründung der Hammaburg im Mündungsgebiet der Aller, der Keimzelle Hamburgs

818 erste Erwähnung des Limes Saxoniae, er verlief von Lauenburg Richtung Kiel, eine lockere Reihe von Holz-Erde-Kastellen

819 Graf Welf I. wird als Urahn des Welfengeschlechtes bezeugt

820 erster Nachweis der Existenz eines Kamins zu Heizzwecken

821 wurde der erste Bibliothekskatalog im Kloster Reichenau erstellt / die Einhardsbasilika in Steinbach, einem Ortsteil von Michelstadt im hessischen Odenwald, wird erbaut; sie gilt als ältester und besterhaltener karolingischer Kirchenbau

822 In den fränkischen Annalen wird der altmärkische Ort Arendsee erstmals erwähnt/ Rhabanus Maurus wird zum Abt des Klosters Fulda gewählt; aus dem Buntsandstein des Solling wird die Benediktinerkirche in Corvey an der Weser erbaut

823 Geburt des späteren fränkischen Königs und Kaisers Karl der Kahle

824 Dipperz, eine Ortschaft im Landkreis Fulda, wird erstmals erwähnt

825 Empfertshausen im Thüringer Wartburgkreis wurde erstmals genannt / gilt als Gründungsdatum des Kloster Wendhusen in Thale durch Gisela, Tochter des Gaugrafen Hessi

826 erste Nennung der Siedlung Salbke, heute Stadtteil von Magdeburg

827 Tod von Hildegrim I. von Chalon, dem ersten Bischof von Halberstadt, neuer Bischof wird Thiatgrim / vor 827 wird vom Bistum Halberstadt die Missionskirche St. Stephan in Westerhausen errichtet

828 Große Hungersnot und Pest im Sprengel Halberstadt

829 Baubeginn für den weltberühmten Markusdom in Venedig / Ludwig der Deutsche, der spätere König des Ostfrankenreiches, wurde Herzog von Bayern

830 Bischof Hildgruen von Halberstadt ließ vermutlich eine Kirche auf einem Hügel beim heutigen Seehausen/ Börde errichten

831 Kaiser Ludwig der Fromme wird zum ersten Mal von seinen Söhnen in einer Palastrevolution gestürzt, konnte seine Macht aber zurückgewinnen

832 der Ort Heinsen im Landkreis Holzminden wird erstmals erwähnt

833 Kaiser Ludwig der Fromme wird in der „Großen Empörung“ zum zweiten Mal von seinen Söhnen gestürzt, konnte sich aber erneut behaupten und die Macht zurückerlangen; neben dem Kloster Corvey im Wesertal entsteht „locus mercationis“, die erste bekannte (und wieder verschwundene) Stadtgründung unseres Gebiets

834 Ansgar wurde erster Bischof von Hamburg

835 begann Thegan, Chronist unter Kaiser Ludwig dem Frommen, eine Biografie über seinen Kaiser zu schreiben; Geburt von Otto dem Erlauchten, Herzog von Sachsen, Vater von Heinrich I.

836 Tod von Wala, Graf von Sachsen, Sohn des Karolingers Bernhard, der ein unehelicher Sohn von Karl Martell war

837 ein letzter Reichsteilungsplan für das Frankenreich, vor dem Vertrag von Verdun, wurde entworfen

838 ein riesiger Komet, der für 48 Tage zu sehen war, zog an der Erde vorbei

839 der Ort Oberbösa im Kyffhäuserkreis wurde erstmals erwähnt

840 im Zentverzeichnis der Abtei Hersfeld wurde Sangerhausen erstmals genannt / Vermutete Gründung des Ortes Wippra/ Tod des Halberstädter Bischofs Thiatgrim/ Haymo wird neuer Bischof / angeblicher Beginn der Klausnerzeit von Liudbirg in der Klause Volkmarskeller bei Blankenburg

841 Erste Nennung von Westerhof im Landkreis Northeim durch einen Chronisten/ wahrscheinliches Gründungsdatum des ersten Quedlinburger Benediktinerklosters durch den Halberstädter Bischof Haymo,das dem heiligen Wipertus gewidmet wurde

842 die zwölf Jahre währenden, innerdynastischen Kämpfe der Karolinger werden beendet/ in der Gegend von Mansfeld fand ein heidnischer Sachsenaufstand ein blutiges Ende; die vorherigen missionarischen Arbeiten Hersfelder Mönche wurden von Neuem begonnen; um 842 beauftragte Bischof Haymo den frommen Ruodger aus Hersfeld mit der wirtschaftlichen Leitung des Halberstädter Sprengels; er verlieh Ruodger Land, auf dem dieser begann, ein Dorf zu errichten, das er Haymo zu Ehren Hoyme nannte – daraus entwickelte sich das adlige Geschlecht von Hoym

843 mit dem Vertrag von Verdun wurde das Frankenreich dreigeteilt: Ost-, Mittel- und Westfrankenreich; das Ostfrankenreich als Vorläufer des Heiligen Römischen Reiches wurde von Ludwig II., der Deutsche, regiert

844 Tod des Grafen Bruno von Sachsen, der Ort Jembke bei Gifhorn wird erstmals erwähnt

845 Herzog Luidolf (Gründer des Geschlechts der Liudolfinger) reist mit Gattin Oda zum Papst und holt die Zustimmung zur Stiftsgründung Gandersheim ein, er erhält die Gebeine der heiligen Päpste Anastasius und Innocentius als Reliquien

846 der Ort Holzthaleben im Kyffhäuserkreis wird erstmals erwähnt

847 Reichsversammlung des karolingischen Reiches im Stift St. Alban in Mainz/ Rhabanus Maurus wird Erzbischof von Mainz und tat viel für die Einführung des Evangeliums im Harz (besonders Helmegau)

848 Thakulf, Markgraf der Sorbenmark, schenkt dem Kloster Fulda Ländereien im

Pleißegau
849 Tod des Heiligen Altfried, Bischof von Münster und Abt der Klöster von Werden und Helmstedt
850 im heutigen Regierungsbezirk Kassel, in Nordhessen, werden zahlreiche Orte wie Immighausen und Viermünden (zwischen Fulda und Eder) erstmals genannt
851 erste Nennung der Stadt Hameln in Zusammenhang mit der Gründung eines Benediktinerklosters
852 Altgandersheim, heute Stadtteil von Bad Gandersheim, war Stammsitz der Liudolfinger; das Kanonissenstift wird gegründet; König Ludwig der Deutsche zog durch den Haruden-, Schwaben- und Hosingengau um sie zu befrieden und Recht zu sprechen
853 einige heutige Magdeburger Stadtteile wie Salbke und Westerhüsen werden in der „Corveyer Tradition“ der Jahre 826-53 genannt / Bischof Haymo von Halberstadt stirbt, neuer Bischof wird Hildegrimm II.
854 die Maibowle (Waldmeister) wurde im Kloster Prüm erstmals genannt
855 in der Teilung von Prüm veranlasste Lothar I. die Teilung seines Fränkischen Königreiches an seine Söhne
856 Gottsbüren, nördlich von Kassel, wird in einer Urkunde des Klosters Corvey erstmals genannt; Baubeginn der Stiftskirche Gandersheim
857 Neubrunn bei Meiningen in Thüringen wird erstmals erwähnt
858 Haduwy, Tochter des Sächsischen Grafen Asig (Esiko), wird Äbtissin des Stifts Herford
859 Hof Aldanthorpe bei Detmold wird erstmals erwähnt; am 9. November wurde der erste Dom zu Halberstadt durch Bischhof Hildegrim II. eingeweiht
860 der fränkische Adlige Erphold wird als Graf des Thüringer Ortes Tonna genannt und gilt als Namensgeber von Erfurt
861 einer Legende entsprechend, Gründung der Siedlung Braunschweig
862 im Stift St.Kastor in Koblenz wird die Teilung des Karolingerreiches in ein Ost- und ein Westreich beschlossen; Grundstein zur Entstehung des Heiligen Römischen Reiches Deutscher Nation und Frankreichs
863 der dreischiffige Dom von Xanten am Niederrhein wurde durch Normannen zerstört
864 der Ort Altdorf in Niederbayern wird erstmals erwähnt
865 Bischof Ansgar von Bremen-Hamburg und Geschichtsschreiber Rudolf von Fulda sterben
866 Herzog Liudolf von Sachsen, Begründer des Geschlechts der Liudolfinger, starb
867 Bischof Hildegrim II. ist zum Reichstag nach Frankfurt gereist
868 Bischof Hildegrim II. ist zur Reichssynode in Worms / erste Erwähnung von Branderode im Südharz
869 Tod des Fränkischen Königs Lothar II.
870 Brun wurde erster Herzog von Sachsen / angebliches Ende der Klausnerzeit von Liutbirg im Volkmarskeller/ alte Chroniken erwähnen:“ ...viele Heuschrecken, darauf eine so große Hungersnot, dass viele Menschen Hunde- und Pferdefleisch aßen“
871 Theodorich von Minden gründet das Kloster Wunstorf

872 der erste Hildesheimer Mariendom wurde durch Bischof Altfrit erbaut

873 der alte Kölner Dom, Vorgängerbau des heutigen Doms, wird geweiht; der Halberstädter Bischof ist dabei und besucht auch den Reichstag zu Köln eine riesige Trockenheit traf das Land, man konnte durch die Saale gehen; riesige Heuschreckenschwärme fraßen das Land ab, Hungersnot und Pest rafften das Volk dahin

874 der Ort Urbach, bei Ilfeld, wird erstmals erwähnt

875 Geburt von Heinrich I.

876 die Siedlung Ellrich wird erstmals urkundlich erwähnt

877 Otto I. von Sachsen, genannt der Erlauchte, später Graf im Eichsfeld und Abt von Hersfeld, wird geboren; Karolingerkönig Ludwig der Jüngere verleiht umfangreiche Privilegien an das Stift Gandersheim

878 Tod von Markgraf Thietmar I., Graf im Schwabengau, im Hardagau, im Hassegau und im Nordthüringengau

879 das erste bekannte Zehntverzeichnis des Klosters Hersfeld

880 Brun, der erste Herzog von Sachsen, fiel im Kampf gegen die Normannen; auch Bischof Markward von Hildesheim sowie elf Grafen fielen in dieser Schlacht bei Ebstorf im Lüneburgischen

881 das Ludwigslied wird geschrieben, es ist die am genauesten datierte frühmittelalterliche Dichtung, die zu Ehren des Westfranken-Königs Ludwig III. verfasst wurde Weihe der Stiftskirche in Gandersheim

882 Normanneneinfall im Rhein-Moselgebiet, Zerstörung und Plünderung von Trier

883 Tod von Erzbischof Berthold von Trier, der einer der bedeutendsten kirchlichen Würdenträger seiner Zeit war

884 Graf Heinrich I., Sohn des Grafen Poppo I., war Heerführer der Sachsen gegen die Normannen

885 als Folge der Normannenbesiegung wird dem Volksstamm der Friesen die „Friesische Freiheit“ von König Karl dem Dicken verliehen

886 das Stift Bücken bei Nienburg /Weser wurde erstmals erwähnt

887 der Karolinger Kaiser Karl III. wurde auf dem Reichstag in Tribur bei Frankfurt/ Main abgesetzt

888 der Ort Salzdahlum, heute zugehörig zu Wolfenbüttel, wurde erstmals erwähnt / der Halberstädter Bischof Hildegrim II. starb / der erste einheimische Sachse Agiulf wurde Bischof

889 die Ortschaft Wulften bei Osterode wir durch den ostfränkischen König Arnulf erstmals erwähnt

890 die Klostergemeinde Marienstein zwischen Göttingen und Northeim wird erstmals erwähnt

891 Zwethau an der Elbe in Nordsachsen wurde erstmals erwähnt

892 Poppo II., Graf in Thüringen, wurde vom Frankenkönig Arnulf abgesetzt

893 im Prümer Urbar, einem Güterverzeichnis des Klosters Prüm (Eifel) wurden alle Besitzungen dokumentiert, darunter auch Güsten bei Aschersleben

894 Otto der Erlauchte, Herzog von Sachsen, nahm am Italienfeldzug teil, er war Graf im Eichsfeld und im Südthüringengau

895 Mathilde die Heilige aus dem Geschlecht der Immedinger, spätere Gemahlin von

Heinrich I., wurde geboren

896 das Kloster Möllenbeck bei Rinteln im Weserbergland wurde gegründet

897 erste Beurkundung des Gaues Eichsfeld durch Arnulf von Kärnten

898 Beginn der Ungarneinfälle in Sachsen

899 Allstedt wurde um diese Zeit erstmals erwähnt

900 Sachsenherzog Otto, der Vater Heinrichs I., kam in den Besitz von Quedlinburger Ländereien

901 wurde Otto der Erlauchte Abt des Kloster Hersfeld, zu dem in jener Zeit auch Quedlinburg gehörte

902 Bamberg wurde erstmals erwähnt

903 Graf Poppo II., Herzog der Thüringer, wird als Markgraf im Bayerischen Nordgau genannt

904 Sergius III. wird Papst, es begann die Phase der Pornokratie

905 Heinrich unternimmt seinen ersten Kriegszug ins Elbegebiet bei Meißen gegen die Daleminzier

906 Heinrichs Liebesheirat mit Hatheburg, Tochter des Grafen Erwin im Hassegau; die Hochzeit führte zu einem Konflikt mit der Kirche, den Heinrich letztendlich verlor und sich wieder von Hatheburg trennte

907 gemäß Annalista Saxo ging das ganze Erbe von Otto dem Erlauchten auf seinen Sohn Heinrich I. über

908 Nordhausen wird als Königsstadt erbaut

909 Pfalz Wallhausen bei Sangerhausen, dort wurden Heinrich und Mathilde, das spätere Königspaar, getraut

910 Editha, die spätere Frau von Otto I. und Deutsche Königin, wird geboren

911 Ludwig das Kind stirbt, die ostfränkische Karolinger-Dynastie erlischt

912 Otto der Große (Otto I.) wird in der Pfalz Wallhausen geboren und Otto der Erlauchte, Herzog von Sachsen, wird im Stift Gandersheim begraben

913 Oda Gräfin von Sachsen, Tochter von Graf Billing, stirbt (gilt als Stammmutter der Liudolfinger/Ottonen)

914 das Fürstentum Grubenhagen am Harz wird erstmals erwähnt

915 Gerberga, die Tochter von Sachsenherzog Heinrich, wird auf der Burg Nordhausen geboren

916 in Harzburg wird ein Stift errichtet

917 König Konrad I. ließ seine Schwäger Erchanger und Berthold hinrichten

918 der fränkische König Konrad war mit seinem Reich und seiner Macht in der Krise und schlägt seinen und den sächsischen Stammesfürsten die Wahl Heinrich des Sachsen zum König vor

919 wurde in einer Versammlung der Stammesherzöge in Fritzlar Sachsenherzog Heinrich (der Vogeler) zum ersten deutschen König gewählt und gemäß Sage in Quedlinburg gekrönt

920 der gleichnamige Sohn von König Heinrich I. wurde auf der Burg Nordhausen geboren

921 der französische König Karl III. schloss in Bonn mit dem Deutschen König Heinrich I. einen Vertrag, in dem er auf alle Erbansprüche seiner Dynastie auf deutschem Territorium verzichtete, der Grundstein des frühfeudalen Deutschen Reiches war

gelegt
922 wurde von Heinrich I. Goslar gegründet und Quedlinburg fand seine erste urkundliche Erwähnung
923 besiegte Heinrich I. den im Zittauer Gebirge lebenden slawischen Stamm der Milzener, die Region war fortan deutsch
924 zogen die Ungarn plündernd und mordend durch Thüringen und Sachsen und trafen sich in Werla mit Heinrich I., wo ein neunjähriger Waffenstillstand vereinbart wurde
925 Bilshausen, am nördlichen Rand des Eichsfeldes, bei Gieboldehausen, wird erstmals erwähnt
926 Heinrich I. erließ seine Burgenbauordnung, in deren Ergebnis Dutzende von Burgen in der Harzregion erbaut wurden
927 Nordhausen und Woffleben im Südharz erfahren ihre erste urkundliche Erwähnung
928 das Bistum Brandenburg wird von den Slawen zerstört
929 König Heinrich I. unterwarf endgültig das Slawenvolk der Sorben; Duderstadt wird erstmals erwähnt
930 Liudolf, Sohn Otto I., wird geboren (er wurde nur 27 Jahre alt)
931 Werla wird erstmals als Kaiserpfalz erwähnt
932 Heinrich I. hatte ein neues Heer aufgestellt und eine Vielzahl von festen Burgen gebaut, er fühlte sich stark genug und kündigte den Waffenstillstand mit den Ungarn
933 Heinrich I. schlug in der Schlacht bei Riade an der Unstrut das Heer der Ungarn
934 Kroppenstedt, zwischen Harz und Magdeburg gelegen, wird erstmals erwähnt
935 das Bodfeld (Elbingerode) wird erstmals in einer Urkunde von Heinrich I. erwähnt
936 König Heinrich I. stirbt und wird in Quedlinburg in der Stiftskirche begraben; der Ort Rieder erfährt seine erste urkundliche Nennung; Thale wird erstmals urkundlich erwähnt; Heudeber wird erstmals urkundlich erwähnt
937 der Ort Derenburg wird erstmals urkundlich erwähnt / Kaiser Otto I. schenkt dem Stift Quedlinburg die „Curtis Salta" (Soltau)
938 König Otto I. ließ einen adligen Erbschaftskonflikt bei einer Reichsversammlung in Steele (bei Essen) durch gerichtlichen Zweikampf (Gottesurteil) entscheiden
939 Markgraf Gero hatte das Slawengebiet bis zur Oder erobert, bei einem Festmahl (laut Sage in Gernrode) ließ er zahlreiche Slawenfürsten ermorden
940 Graf Tamm stiftete das Frauenkloster Nauenheim
941 erste Erwähnung des Ortes Westeregeln, als Schenkung von Otto I. an Markgraf Geros Sohn Siegfried
942 gilt als potentielles Entstehungsjahr des Klosters Memlebe
943 Markgraf Gero besiegte im Rahmen seiner Ostfeldzüge Herzog Miseco von Polen
944 Otto I. weilte zum ersten Mal auf dem königlichen Jagdhof Bodfeld
945 erhielt Markgraf Gero von Otto I. die Dorfmark Trebnitz als Eigentum zugewiesen
946 Königin Editha, die Gemahlin von Kaiser Otto I. stirbt und wird im Dom zu Magdeburg beigesetzt/ Markgraf Gero wird von Otto I. in den Stand eines Herzogs erhoben
947 die Siedlung Herrhausen bei Goslar wird erstmals erwähnt
948 das Bistum Havelberg wurde von den Slawen zerstört, es folgen jahrzehntelange

Kämpfe zwischen den ostelbischen Slawen und den westelbischen Sachsen
949 der Ort Uhrsleben in der Börde wurde erstmals genannt / Markgraf Gero reist nach Rom und besucht den Papst
950 die Stauffenburg bei Bad Grund/Gittelde wurde erstmals erwähnt
951 die Siedlung Allrode wurde erstmals erwähnt
952 die Ortschaft Hattorf wurde erstmals in einer Urkunde des Klosters Pöhlde erwähnt/ Geros Sohn Siegfrid heiratet Hathiwi aus dem Geschlecht der Billunger (Nichte von Königin Mathilde)
953 der Königshof Gittelde (Osterode/ Seesen) wurde erstmals erwähnt, gleiches gilt für Eisdorf bei Bad Grund
954 Wilhelm, der 929 geborene, illegitime Sohn Ottos I., wurde Erzbischof von Mainz; er starb 968 in Rottleberode am Harz
955 Geburtsjahr von Otto II. / Sieg von Otto I. bei Augsburg über die Ungarn und Beginn der Ausbreitung des Reiches im Raum östlich von Elbe und Saale
956 die Siedlung Eggeröder Brunnen und der Volkmarskeller (Blankenburg/Elbingerode) werden erstmals erwähnt
957 wahrscheinlicher Bau der Pfalz Pöhlde
958 Erxleben in der Börde wurde in einer Urkunde des Klosters Helmstedt erstmals erwähnt
959 in Kämpfen gegen die Slawen kommen Graf Thietmar und Markgraf Geros Sohn Siegfried um
960 lag eine Schenkungsurkunde von Otto I. an das Kloster Drübeck vor
961 Gründung des Stifts Gernrode durch Markgraf Gero, das Jahr wurde auch als Gründungsdatum von Gernrode angesehen; erste Erwähnung von Siptenfelde
962 Otto I. wurde in Rom zum ersten Deutschen Kaiser gekrönt; Hathui ,die Schwiegertochter von Markgraf Gero, wurde vom Halberstädter Bischof Bernhard zur ersten Äbtissin des Stifts Gernrode geweiht
963 eine Burg auf dem heutigen Areal der neuzeitlichen Roseburg, „Rothallasburc“ genannt, wurde erstmals erwähnt / Markgraf Gero brachte die Reliquie des heiligen Cyriakus aus Italien mit
964 Die Orte Wasserleben (bei Wernigerode) und Reinstedt (bei Ballenstedt) wurden erstmals erwähnt
965 Markgraf Gero starb und wurde in der Stiftskirche Gernrode bestattet
966 der Ort Hessen wurde erstmals in einer Schenkungsurkunde von Otto I. an einen Grafen Mamaco erwähnt / Seehausen-Börde wurde erstmals erwähnt / Mathilde, Tochter von Otto I., wurde Äbtissin in Quedlinburg
967 eine Gesandtschaft des Byzantinischen Kaisers besuchte Otto I. in der Kaiserpfalz Tilleda, es wurden Machtansprüche verhandelt, aber keine Ergebnisse erzielt; Otto erklärte Byzanz den Krieg
968 der Corveyer Mönch Widukind berichtete in seiner Sachsenchronik, dass Kaiser Otto I. Erzadern im Harz erschließen ließ / das Erzbistum Magdeburg wurde gegründet/ Königswitwe Mathilde starb und wurde neben ihrem Mann, Heinrich I., in Quedlinburg begraben / der Ort Deersheim bei Osterwieck wurde erstmals erwähnt
969 Gero, Sohn des Markgrafen Christian im Gau Serimunt und Bruder von Markgraf

Thietmar, wurde Erzbischof von Köln
970 Erzbischof Gero und sein Bruder Markgraf Thietmar gründeten das Kloster Thankmarsfelde
971 Erzbischof Gero und sein Bruder Markgraf Thietmar weihten die Kirche der heiligen Gottesmutter Maria im Kloster Thankmarsfelde ein und schenkten dem Kloster einen Teil ihres Erbgutes
972 Hochzeit von Otto II. und Theophano; erste urkundliche Erwähnung der Königspfalz Tilleda
973 Todesjahr von Otto I.; erste Aufstände gegen den neuen König Otto II.; die Ortschaft Mansfeld wurde erstmals urkundlich erwähnt / glanzvollster Reichstag des Mittelalters unter Otto I. auf seiner Kaiserpfalz in Quedlinburg / Ersterwähnung von Mansfeld / Ersterwähnung von Schauen bei Osterwieck
974 erste urkundliche Erwähnung von Seesen / Osterwieck erhielt durch Otto II. das Münz- und Zollrecht / Otto II. führte einen Krieg gegen die Dänen
975 das Benediktinerkloster Thankmarsfelde (südlich von Ballenstedt) wurde zum Kloster Nienburg verlegt / nach einem sehr harten Winter fiel am 14. Mai noch sehr viel Schnee
976 Otto II. eroberte Regensburg und setzte seinen langjährigen Widerpart, Bayernherzog Heinrich II. ab.
977 laut einer Urkunde von Otto II. ließ der Erzbischof von Magdeburg die Wälder an den Flüssen Helme und Ichte (bei Nordhausen) roden / Adelheid, Tochter Ottos II. und spätere Äbtissin von Gandersheim und Quedlinburg, wurde geboren
978 Mathilde, Tochter Ottos II. und Schwester Ottos III. wurde geboren / Ersterwähnung von Adersleben bei Halberstadt
979 Todesjahr von Thietmar I., Markgraf der Nordmark, Graf im Schwabengau, Graf im Harzgau
980 nahm Otto II. das Kloster Drübeck unter königlichen Schutz / Otto III. wurde geboren
981 schenkte Otto II. das Kloster Pöhlde dem Erzbistum Magdeburg
982 fiel Gunther Markgraf von Merseburg, aus dem Geschlecht der Harzgrafen, in der Schlacht von Cotrone
983 Todesjahr von Kaiser Otto II.
984 Versammlung der sächsischen Fürsten auf der Asseburg bei Wolfenbüttel zum Zwecke der Nachfolgeregelung für Otto III., der bereits gewählt war, aber einen Gegenkönig hatte
985 erstmals urkundlich erwähnt wurde der südharzer Ort Berga bei Sangerhausen
986 wurde das Benediktinerinnen-Kloster auf dem Münzenberg in Quedlinburg gegründet
987 Kaisertochter Sophia erlangte Berühmtheit, weil sie als Nonne im Gandersheimer Stift die Annahme des Schleiers vom Hildesheimer Bischof Osdag ablehnte
988 die Münz-, Zoll-, Markt- und Bannrechte wurden für das Bistum Halberstadt von Otto III. bestätigt
989 verleiht Otto III. an den Halberstädter Bischof Hildeward das Markt-, Münz- und Zollrecht
990 wurde in einer Königsurkunde von Otto III. der Ort Förste, heute Stadtteil von

Osterode, erstmals erwähnt / wurde dem Stift Gandersheim von Otto III. das Marktrecht erteilt

991 weilte Otto III. längere Zeit auf seinem königlichen Jagdhof Bodfeld

992 der Ort Dankerode wurde erstmals urkundlich erwähnt

993 erhielt das ehemalige Kloster Hagenrode, aus dem später der Ort Alexisbad hervorgegangen ist, das Markt- und Münzrecht

994 gilt als Gründungsdatum des Ortes Hornburg sowie erste Erwähnung von Harzgerode/ wurde dem Stift Quedlinburg das Markt-, Münz- und Zollrecht von Kaiser Otto III. verliehen

995 gilt als Gründungsdatum des Ortes Ilsenburg und des Ortes Ströbeck; Feldzug gegen die Slawen östlich der Elbe / Wülperode bei Osterwieck wurde erstmals erwähnt/ Ersterwähnung der Wüstung Wendilburgerode bei Harzburg

996 Bischof Arnulf von Halberstadt trat sein Pontifikat an / für Magdeburg ist eine Sonnenuhr nachgewiesen

997 verschenkte Kaiser Otto III. den Huy an Bischof Arnulf von Halberstadt

998 die Ilsenburg wurde von Otto III. an Bischof Arnulf von Halberstadt übereignet / bei Magdeburg fallen zwei große Meteorsteine

999 Todesjahr von Adelheid, der zweiten Frau von Otto I.

1000 Ort Stolberg entstand/ Entstehung der Quedlinburger Altstadt/ erste urkundliche Erwähnung von Minsleben

1001 Bischof Bernward von Hildesheim zog nach Rom, um seinem Kaiser, Otto III., militärische Hilfe im Kampf um Rom zu leisten

1002 Kaiser Otto III. stirbt in Italien und wurde nach Aachen überführt, wo er wunschgemäß beigesetzt wurde / Heinrich II. wurde König

1003 König Heinrich II. verlieh dem Kloster Hersfeld den Wildbann im Reichsforst / Ersterwähnung von Gieboldehausen

1004 der Ort Aderstedt im Huy wurde in einer Schenkungsurkunde Heinrichs II. an das Kloster Drübeck erstmals erwähnt / der Magdeburger Erzbischof Giselher starb, neuer Erzbischof wird Tagino – er verbrachte den Palmsonntag mit Bischof Thietmar von Merseburg und Kaiser Heinrichs II. Gemahlin Kunigunde im Stift Gernrode

1005 gründete der Halberstädter Bischof Arnulf in Halberstadt ein Kollegiatstift zu Ehren Marias, was der Grundstein für die Liebfrauenkirche war / Beginn der Errichtung der Kaiserpfalz Goslar

1006 Supernova, wohl das hellste Himmelsobjekt, das in der überlieferten Geschichte der Menschheit zu sehen war / der Ort Börnecke bei Blankenburg wurde erstmals erwähnt

1007 die erste urkundliche Erwähnung des Braunschweiger Stadtteils Stöckheim durch Heinrich II.

1008 überließ Heinrich II. den Ort Derenburg mit seiner Pfalz der Gandersheimer Äbtissin, der daraufhin an Bedeutung verlor

1009 erste urkundliche Nennung von Wolmirstedt in der Börde

1010 Bischof Thietmar von Merseburg begann vermutlich seine Chronik zu verfassen (bis 1018?)

1011 eine Legende besagt, dass der vom Halberstädter Bischof Arnulf II. in Ströbeck inhaftierte Wendenherzog Gunzlin das Schachspiel einführte

1012 Gegenpapst Gregor VI. suchte zu Weihnachten Heinrich II. in der Pfalz Pöhlde auf, um dessen Anerkennung zu bekommen

1013 erste urkundliche Erwähnung von Renshausen bei Duderstadt und Ebergötzen bei Herzberg/ Gründung von Bettingerode (Bad Harzburg)

1014 erste urkundliche Nennung des Heidenstiegs, der Nord-Süd-Querung des Harzes von Goslar nach Nordhausen/ Tod von Hathui, der ersten Äbtissin des Stifts Gernrode

1015 die Kaiserpfalz Werla wurde nach Goslar verlegt, nachdem die neue Pfalzanlage nach etwa zehnjähriger Bauzeit fertig war / Gründung des Magdeburger Klosters „Unser Lieben Frauen" / als erster namentlich bekannter mittelalterlicher Bronzegießer stellt Bischof Bernward von Hildesheim mit seinem Gesellen Burchhard die Bronzetüren des Hildesheimer Domes her

1016 erste Nennung von Langelsheim

1017 Geburt von Kaiser Heinrich III. / erster Hoftag von Heinrich II. in Goslar

1018 Weihung des Benediktinerklosters Ilsenburg / erste Nennung der wüsten Siedlung Bovingerode (Amt Harzburg) / Ersterwähnung der Wüstung Dudingerode (Vienenburg) / Gründung der Wüstung Isingerode (bei Harzburg)

1019 eine Besiedlung des heutigen Stadtgebiets von Porta Westfalica ist schriftlich belegt

1020 in die Stiftskirche Quedlinburg wurde die romanische Krypta eingefügt

1021 in Anwesenheit von Kaiser Heinrich II. wird die neue Quedlinburger Stiftskirche St. Servatius geweiht

1022 Bernward Bischof von Hildesheim starb / erste schriftliche Nachricht über Mainzer Besitzungen im Eichsfeld

1023 Tod von Gero, Erzbischof von Magdeburg;

1024 Tod von Kaiser Heinrich II. / der Salier Konrad II. wurde König des Heiligen Römischen Reiches;

1025 Fertigstellung der Quedlinburger Annalen, einer selbstständigen Darstellung der Jahre 984-1025

1026 Uta von Ballenstedt aus dem Hause Askanien wurde mit dem Meißener Markgrafen Ekkehard II. vermählt

1027 König Konrad II. wird zum Kaiser des Heiligen Römischen Reiches gekrönt

1028 der Salier Heinrich III. wurde auf Veranlassung seines Vaters zum König des Heiligen Römischen Reiches gekrönt

1029 Werner von Lutterberg baute in Herzberg ein Jagdhaus auf dem Schlossberg

1030 erste Nennung von Ballenstedt in einer Urkunde von Graf Esico

1031 die Bestände des Stadtarchivs Braunschweig reichen bis zu diesem Jahr zurück, gleichzeitig erster urkundlicher Nachweis von Braunschweig

1032 der heutige Ort Greifenhagen bei Wippra wurde erstmals erwähnt

1033 die Hildesheimer Kirche St. Michael wurde von Bischof Godehard geweiht, am 9. Juli äscherte ein Blitz diese Kirche wieder ein

1034 Markgraf Dietrich I., Graf im Schwabengau und Graf im Hessegau, wurde ermordet

1035 erste Erwähnung des Cyriakusklosters in Naumburg

1036 wurde die Ulrichskirche auf dem Kohlmarkt in Braunschweig geweiht, die 1544 wegen Baufälligkeit wieder abgerissen wurde

1037 der Adel trägt Familiennamen, um die Erblichkeit seiner Lehen geltend zu machen

1038 die Stiftskirche des Klosters Hersfeld wurde durch einen Brand zerstörte

1039 Adelheid I., Äbtissin von Quedlinburg, Frose und Gernrode wurde auch Äbtissin von Gandersheim

1040 erste Erwähnung des Ortes Harbke in der Börde

1041 Friedrich I. von Goseck, Pfalzgraf von Sachsen, gründete das Kloster Goseck

1042 Benno von Meißen wurde Abt in St. Michael in Hildesheim

1043 erste Nennung von Volkmannrode im östlichen Unterharz in einer Urkunde von König Heinrich III. / erste Nennung von Hasselfelde

1044 Hazecha von Ballenstedt war mindestens bis 1046 Äbtissin der Stifte von Gernrode und Frose

1045 Ermsleben wurde als Besitztum der Falkensteiner Grafen erstmals genannt

1046 das Geschlecht der Ekkehardiner starb mit dem Tod von Ekkehard II., Markgraf von Meißen aus, ein Teil der Mitgift seiner Gemahlin Uta von Ballenstedt fiel an das Stift Gernrode, diese starb im selben Jahr

1047 Tod des 1005 in Hornburg geborenen Papstes Clemens II. (Suidger Graf von Hornburg und Morsleben)

1048 in der Pfalz Pöhlde wurde Graf Thietmar, Bruder von Bernhard II. von Sachsen, angeklagt, einen gescheiterten Mordanschlag auf König Heinrich III. in Auftrag gegeben zu haben; nach einem als Gottesurteil ausgeführtem Zweikampf wurde der Graf auf diesem Platz getötet

1049 Kaiser Heinrich III. schenkte das Gut Poppenburg bei Burgstemmen im Landkreis Hildesheim dem Bistum Hildesheim / die Burg Plötzkau bei Bernburg wurde erstmals erwähnt

1050 angesetzter Beginn der Mittelhochdeutschen Sprachstufe / während des Besuchs des Klosters Nienburg /Saale durch Kaiser Heinrich III. ging das Kloster durch Blitzschlag in Flammen auf / der Goslarer Dom wurde mit Kupfer vom Rammelsberg gedeckt

1051 erste Erwähnung von Etgersleben bei Egeln

1052 eine Urkunde bezeugt den Aufenthalt von Kaiser Heinrich III. im Jagdhof Hasselfelde

1053 Eine Schenkungsurkunde vom 3. November 1053 erwähnte Groß Ilsede (Ilisede), nach dem Kaiser Heinrich III. *„den ganzen früheren Besitz des geächteten (Sachsen) Tiemo“* in den Dörfern Garmissen, Groß Ilsede, Dungelbeck und Südbol der Kirche zu Hildesheim übergab. / Ersterwähnung von Harlingerode bei Harzburg

1054 durch den Bau der romanischen Kapelle St. Petri in Gatterstädt bei Querfurt im Jahre 1054, wurde aus der anfänglich kleinen Siedlung ein richtiges Dorf

1055 die älteste schriftliche Erwähnung Mariensteins bei Nörten-Hardenberg stammt aus dem Jahr 1055, als Erzbischof Lippold von Mainz eine *capellam nomine Steina* dem neu gegründeten Petersstift in Nörten schenkte

1056 den ersten schriftlichen Nachweis der Existenz von Domersleben in der Börde erbringt eine Urkunde / auch Schlanstedt am Huy wurde erstmals genannt

1057 erstmals erwähnt wurde Dedeleben bei Halberstadt

1058 die schriftlich nachweisbare Geschichte des Moritzbergs bei Hildesheim begann

1028 mit der Einweihung der (ersten) Mauritiuskirche auf dem damals noch „Zierenberg“ genannten Höhenzug durch Bischof Godehard

1059 vermutliches Todesjahr von Graf Esico von Ballenstedt, dem Stammvater der Askanier

1060 Hermerode, heute ein Ortsteil von Mansfeld, wurde erstmals urkundlich erwähnt

1061 Otto von Northeim wurde Herzog von Bayern

1062 erste urkundliche Erwähnung von Schwanebeck bei Halberstadt / die Familie Hanno soll wegen Tapferkeit vom König die Burg Heimburg erhalten haben

1063 Tod von Engelhard, Erzbischof von Magdeburg

1064 König Heinrich IV. schenkte ein Gut in Rieder und Biklingen (Biklingswarte) dem Stift Gernrode / urkundliche Erwähnung der Wüstung von Sudburg-Reinterdingerode; heute an dieser Stelle Unter-Oker

1065 mit dem Regierungsantritt von König Heinrich IV. verschärfte sich der Konflikt um das sächsische Kernland am Harz

1066 Graf Friedrich II. von Goseck, Pfalzgraf von Sachsen, geriet in schweren Streit mit Kaiser Heinrich IV. / urkundliche Erwähnung von Lochtum bei Vienenburg

1067 sagenhafte Gründung der Wartburg bei Eisenach durch Ludwig den Springer

1068 die Harzburg bei Bad Harzburg wurde nach zweijähriger Bauzeit fertiggestellt

1069 wurden die Mansfelder Herren von Kaiser Heinrich IV. zu Gaugrafen im nördlichen Hassegau ernannt

1070 Otto von Northeim wurde beschuldigt ,ein Attentat auf den Kaiser geplant zu haben; er wurde zum Zweikampf mit seinem Beschuldiger Egeno von Konradsburg verurteilt; Otto blieb aber dem Zweikampf in Goslar fern, wurde daraufhin seiner sächsichen Güter enthoben und als bayerischer Herzog abgesetzt sowie in die Reichsacht gesetzt.

1071 Weihe des Halberstädter Doms durch Bischof Burchard II.

1072 im Nonnenkloster Moritzburg bei Hildesheim wurde in Anwesenheit von Kaiser Heinrich IV. ein großer Kirchenbau geweiht

1073 ist die Burg Sachsenstein bei Bad Sachsa bezeugt, die durch Heinrich IV. erbaut wurde / Heinrich IV. floh im Sachsenkrieg auf dem Kaiserweg von der Harzburg über den Harz nach Süden / die Harzburg, die Heimburg, Burg Volkenrode, die Spatenburg und die Sachsenburg wurden geschleift

1074 wurde die Hasenburg im Eichsfeld bei Haynrode, welche eine Reichsburg von Heinrich IV. war, zerstört

1075 fand der Sachsenkrieg unter Heinrich IV. seinen Höhepunkt / Bischof Burchard II. von Halberstadt, Gegner des Königs, geriet in kaiserliche Gefangenschaft / Siegfried I. von Ballenstedt wurde geboren

1076 Bischof Burchard II. von Halberstadt wurde nach Ungarn verbannt, es gelang ihm aber die Flucht und er kam nach Halberstadt zurück / Heinrich IV. brach nach Canossa auf

1077 Papst Gregor VII. befreite König Heinrich IV. in Canossa vom Kirchenbann

1078 Schlacht bei Mellrichstadt (Unterfranken) und Flarchheim (Mühlhausen) zwischen König Heinrich IV. und Gegenkönig Rudolf von Rheinfelden

1079 der Staufer Friedrich I. wurde von König Heinrich IV. zum Herzog von Schwaben ernannt

1080 Schlacht bei Hohenmölsen zwischen König Heinrich IV. und Gegenkönig Rudolf von Rheinfelden / Gründung des Klosters Huysburg durch Ekkehard von Huysburg

1081 der Salier Heinrich V. wurde geboren (eventuell auch erst 1086)

1082 Gegenkönig Hermann von Salm hielt sich in der Goslarer Kaiserpfalz auf, wo er zuvor gesalbt wurde

1083 Heinrich der IV. erstürmte Rom

1084 erste urkundliche Erwähnung von Badersleben und Pabstorf am Huy / Heinrich IV. ließ sich im erstürmten Rom zum Kaiser krönen / Tod von Ekkehard von Huysburg

1085 Die Siedlung Walkenried wurde erstmals erwähnt

1086 erste urkundliche Erwähnung von Anderbeck am Huy durch Bischof Burchard II. von Halberstadt / erste Nennung von Immenrode, heute Stadtteil von Goslar

1087 die Burg Klettenberg südwestlich von Walkenried wurde erstmals erwähnt

1088 Bischof Burchard von Halberstadt (Buko) starb im Kloster Ilsenburg / Ersterwähnung von Walkenried

1089 das Kloster Oldisleben am Kyffhäuser wurde gegründet

1090 Heinrich IV. erließ die Privilegien zu Worms und Speyer/ Bischof Ekbert von Meißen wurde auf Geheiß der Äbtissin von Quedlinburg in einer Mühle im Selketal erschlagen

1091 Mantua wurde auf den Italienfeldzügen von Heinrich IV. erobert

1092 Heinrich der IV. zog gegen Canossa, wo ihn sein Kriegsglück verließ

1093 Geburtsjahr von Konrad III., aus dem Geschlecht der Staufer, dem späteren König des Heiligen Römischen Reiches

1094 Otto der Reiche, Graf von Ballenstedt, heiratete Eilika, Tochter von Herzog Magnus von Sachsen

1095 Beginn des 1. Kreuzzuges

1096 Adelheid II., Äbtissin von Quedlinburg, starb in Quedlinburg / in Aspenstedt bei Halberstadt wurde Weinbau betrieben / Ersterwähnung der Wüstung Klein-Lochtum bei Harzburg

1097 Adelheid, Gemahlin von Otto I., wurde von Papst Urban II. heiliggesprochen / Kaiser Heinrich IV. konnte von seinem Italienfeldzug (1093-1097) nach Deutschland zurückkehren, nachdem er sich mit den Welfen über deren Territorial- und Rechtsansprüche geeinigt hatte

1098 eine Glocke ,die auf dieses Jahr datiert ist, hängt in der romanischen Kirche in Drohndorf bei Aschersleben und zählt zu den ältesten in Deutschland

1099 Heinrich V. wird Mitkönig

um 1100 Walkenrieder Mönche holten vierzig Flämische Familien als Siedler in die sumpfigen Niederungen des Helmetales

1100 Lothar III., späterer Kaiser, heiratete Richenza aus der Familie der Northeimer Grafen

1101 der Ort Oldisleben wurde erstmals genannt

1102 Abt Herrand, der das Kloster Ilsenburg zur Blüte geführt hatte, starb

1103 Bühle, heute Ortsteil von Northeim, wurde erstmals erwähnt

1104 das Benediktinerkloster in Alsleben brannte ab

1105 am 31.12. wurde Kaiser Heinrich IV. durch seinen Sohn Heinrich V. zur Abdankung gezwungen / Elvershausen, Katlenburg, Berka, Gillersheim und Wachenhausen

wurden erstmals erwähnt
1106 Heinrich IV. starb in Lüttich
1107 Großleinungen, heute Ortsteil von Sangerhausen, wurde erstmals erwähnt / Kaiser Heinrich V. schmolzen durch einen Blitzschlag in Goslar die Spitze seines Schwertes und die Metallverzierungen seines Schildes
1108 Heinrich V. schenkte das Stift St. Georg in Goslar dem Hochstift Hildesheim
1109 das Adelsgeschlecht von Sundhausen (Dorf bei Nordhausen) wurde erstmals erwähnt / Gründung von Wöltingerode
1110 Agnes I. ,Tochter des polnischen Herzogs Wladyslaw, wurde um dieses Jahr Äbtissin von Quedlinburg und Gandersheim / erste urkundliche Erwähnung der Wüstungen Wanlefsrode , Bintingerode, Halbertingerode und Kulingerode bei Harzburg
1111 Heinrich V. wurde zum Kaiser gekrönt
1112 Badeleben, heute Ortsteil von Völpke in der Börde, wurde erstmals genannt / Kaiser Heinrich V. griff Halberstadt und die Hornburg an
1113 Siegfried I. wurde Graf von Ballenstedt und führte als erster Askanier den Titel Graf von Anhalt
1114 Lothar von Supplinburg unterwarf sich Graf Hoyer von Mansfeld nach der Niederlage in der Schlacht bei Warnstedt im Vorjahr
1115 Beginn der Aufzeichnung von Erdbeben / nach der Schlacht am Welfesholz wurden die Burg Falkenstein und die Pfalz Wallhausen zerstört / die Herren von Konradsburg begannen die Reste des alten Falkensteins abzureißen und erbauten die neue Burg
1116 die Burg Lohra bei Großlohra, Landkreis Nordhausen, wurde erstmals erwähnt
1117 wurde das Stadtrecht für die Altstadt von Braunschweig erteilt

1118 Tod von Widekind von Wolfenbüttel, des Erbauers der Wasserburg Wolfenbüttel
1119 Agnes I., Äbtissin von Gandesheim und Quedlinburg, wurde auf dem Konzil zu Reims von Papst Kalixtus II. gebannt (gleiches galt auch für ihren Vetter Kaiser Heinrich V.)
1120 wurde der Ort Reddeber von der Kirche Halberstadt an die Grafen von Wernigerode übergeben / wurde ein Ritter Wedekind von Wegeleben erwähnt / wurde in neun Dörfern um Halberstadt nicht nur Vögel, sondern sogar auch Ochsen vom Hagel erschlagen
1121 Seligsprechung von Ekkehard von Huysburg / Erste Erwähnung eines Wernigeröder Grafen / Schöningen besitzt eine urkundlich bestätigte Saline
1122 wurde die St. Ulrici Kirche in Sangerhausen zusammen mit einem Frauenkloster genannt
1123 das Adelsgeschlecht Burkersroda, das aus Burkersroda bei Eckartsberga stammt, wurde erstmals erwähnt / Lothar von Süpplingenburg ließ die Blankenburg erbauen / Bischof Reinhard von Halberstadt ließ die Heimburg wieder aufbauen
1124 Beginn der Klostergründungen auf dem Eichsfeld
1125 Sondershausen in Nordthüringen wurde erstmals erwähnt
1126 Zerstörung von Schloss Derenburg, Belehnung der Regensteiner Grafen durch den Pfalzgrafen Friedrich II. von Sommerschenburg
1127 Immenrode, heute Stadtteil von Sondershausen, wurde erstmals erwähnt

1128 Poppo aus dem fränkischen Adelsgeschlecht der Reginbodonen, erhielt die Grafschaft Blankenburg als Lehen / Beuren, heute Leinefelde-Worbis, wurde erstmals erwähnt

1129 der jetzige, der vierte Kirchenbau auf dem Quedlinburger Schlossberg, wurde geweiht / erste urkundliche Erwähnung von Abbenrode / erste Erwähnung der Wüstung Suthere bei Harzburg

1130 soll sich der Fährmann Eulunardus im Großen Bruch wegen schwerer Unwetter geweigert haben, den Pfalzgrafen Friedrich von Sommerschenburg überzusetzen und wurde von diesem erschlagen / der Halberstädter Bischof versuchte vergeblich das Große Bruch zu entwässern

1131 in Volkenroda bei Mühlhausen bauten Zisterziensermönche auf den Mauern der Pfalzburg ein Kloster

1132 die Ortschaft Ochtersum bei Hildesheim wurde erstmals erwähnt

1133 erste Erwähnung von Hüttenrode bei Blankenburg / die Pfalzgrafen von Sommerschenburg wurden Schirmvögte des Quedlinburger Stifts / in Eilenstedt bei Halberstadt wurde Weinbau betrieben

1134 Albrecht II. wurde Graf von Wernigerode

1135 die Ortschaft Altes Dorf, heute Stadtteil von Hildesheim, wurde erstmals erwähnt

1136 ging ein kopfgroßer Meteorit nahe dem Kloster Oldisleben nieder, was das Kloster zum Wallfahrtsort machte / die Pipinsburg bei Osterode wurde zerstört / Deesdorf bei Wegeleben wurde erstmals erwähnt / in Gernrode wurde Weinbau betrieben

1137 Bischof Rudolf von Halberstadt ließ einen festen Damm durch das Große Bruch bauen / Beginn der Streitigkeiten und Kämpfe zwischen Welfen und Staufern / in Goslar wütete ein Großbrand

1138 erste Erwähnung der Burg Bernburg

1139 Das Adelsgeschlecht von Hardenberg wurde erstmals erwähnt

1140 die Burg Anhalt wurde in einer Fehde zwischen dem Erzbischof von Magdeburg und dem Markgrafen Konrad von Meißen zerstört

1141 Eboldshausen bei Northeim wurde erstmals erwähnt

1142 Heinrich der Löwe wurde von König Konrad III. zum Herzog von Sachsen ernannt

1143 erste Nennung des Adelsgeschlechts von Heimburg

1144 der Askanier Otto I. wurde Markgraf von Brandenburg

1145 das Zisterzienserkloster Riddagshausen bei Braunschweig wurde gegründet

1146 der Ort Heinde bei Hildesheim wurde erstmals erwähnt / die Ära des Königshofes St. Wiperti in Quedlinburg endete

1147 Beginn des II. Kreuzzuges / der Ort Sehnde wurde erstmals erwähnt

1148 wurde begonnen die Annalista Saxo im Kloster Nienburg zu schreiben

1149 Albrecht der Bär wurde Schutzvogt des Stifts Gernrode

1150 Hildegard von Bingen gründete des Kloster Rupertsberg / Erbauung des ersten größeren Stollens zur Wasserlösung im Rammelsberg, der später Rathstiefster Stollen genannt wurde

1151 Ludwig von Wippra wurde Domherr von Magdeburg / erste Nennung der Burg Langenstein bei Halberstadt

1152 Friedrich I. (Barbarossa) wurde König / Ersterwähnung von Osterode

1153 der Ort Theißen im Burgenland wurde erstmals erwähnt

1154 das Adelsgeschlecht von Gustedt mit Stammsitz in Elbe bei Wolfenbüttel, wurde erstmals erwähnt
1155 der Ort Heringen bei Nordhausen wurde erstmals erwähnt
1156 Papst Hadrian IV. führte eine Visitation des Stiftes Gernrode durch / Graf Albrecht der Bär wurde Schutzvogt von Ilsenburg
1157 Albrecht der Bär gründete die Mark Brandenburg / Heinrich der Löwe erwarb im Tausch mit Kaiser Barbarossa die Burg Herzberg für Ländereien in Schwaben
1158 das Dorf Eschenrode in der Börde wurde erstmals erwähnt
1159 Roklum bei Wolfenbüttel wurde erstmals erwähnt
1160 erste Erwähnung der Adelsfamilie von Angern aus Angern/Börde
1161 Tod von Beatrix I., Äbtissin von Gandersheim und Quedlinburg
1162 Helmsdorf im Eichsfeld wurde erstmals erwähnt/ Hermann wurde Bischof von Hildesheim/ Worbis wurde erwähnt
1163 Hermann, Bischof von Hildesheim, gründete das Kloster Loccum / In Quedlinburg wurde Wein angebaut / Ersterwähnung der Wüstung Thuringerode bei Harzburg / Ersterwähnung von Göttingerode bei Harzburg
1164 die Lauenburg, die von Heinrich IV. erbaut worden sein soll, wurde erstmals erwähnt
1165 Ende der Herrschaft von Albrecht II. in der Grafschaft Wernigerode
1166 Entstehung des Braunschweiger Löwen, der heute als die älteste erhaltene Großplastik des Mittelalters nördlich der Alpen gilt
1167 war die Verlegung des Mönchsklosters vom Volksmarskeller bei Blankenburg an seine jetzige Stelle Michaelstein abgeschlossen / Ersterwähnung der Wüstung Winetherode bei Harzburg
1168 der Kirchenbau des Stifts Gandersheim wurde nach achtundsechzig Jahren fertiggestellt und geweiht
1169 Adelog von Hildesheim wurde Domherr des Stifts Goslar / der Staufer Heinrich VI. wurde zum König gewählt
1170 Tod Albrechts des Bären
1171 Bernhard III., Herzog von Sachsen, wurde Graf von Ballenstedt
1172 die erste heraldische Darstellung des deutschen Adlers unter Friedrich Barbarossa
1173 Siegfried I. von Anhalt wurde Bischof von Brandenburg
1174 Gründung des Klosters Wöltingerode / Ersterwähnung von Westerode bei Harzburg
1175 Aschersleben wurde von Heinrich dem Löwen verwüstet
1176 Leiferde, heute südlicher Stadtteil von Braunschweig, wurde erstmals erwähnt
1177 Altenrode im Burgenland wurde erstmals erwähnt
1178 Liebenrode, heute Ortsteil von Hohenstein bei Nordhausen, wurde erstmals erwähnt
1179 Ludolf von Kroppenstedt wurde Propst im Kloster Nienburg/ Heinrich der Löwe plünderte und zerstörte Halberstadt
1180 die Lauenburg in Stecklenberg wurde von Barbarossa erobert / über Heinrich den Löwen wurde die Oberacht verhängt und ihm wurden vom Kaiser alle Reichslehen entzogen / Heinrich der Löwe zog mit seinem Heer über den Kaiserweg im Harz / Heinrich der Löwe zerstörte die Hüttenbetriebe und Bergwerke in Goslar, viele Bergleute wanderten nach Freiberg in Sachsen, nach Mansfeld oder angeführt von

den Mönchen des Goslarschen Klosters Simon und Judas, in den Oberharz / vermutliches Geburtsdatum von Eike von Repgow / Heinrich der Löwe zerstörte des Kloster Wendhusen in Thale / die ersten Glasfenster in Bürgerhäusern wurden erwähnt

1181 Erzbischof Wichmann von Magdeburg zerstörte Haldensleben/Börde

1182 das Adelsgeschlecht derer von Alten aus der Region Hildesheim wurde erstmals erwähnt/ Heinrich der Löwe wurde vom Kaiser aus dem Heiligen Römischen Reich verbannt

1183 ließ Graf Siegebodo I. von Scharzfeld bei Lauterberg die Burg Lutterberg erbauen

1184 Greifenhagen bei Wippra wurde erstmals erwähnt

1185 urkundliche Erwähnung von Schlewecke und Bündheim sowie von Bettingerode, alles Ortsteile von Harzburg

1186 Bischofferode im Eichsfeld wurde erstmals erwähnt

1187 die Grafschaft Klettenberg im Südharz wurde erstmals erwähnt

1188 das Kloster Wöltingerode wurde vom Mönchskloster in ein Nonnenkloster umgewandelt / die Mönche aus Walkenried bebauten einen Weinberg zwischen Sangerhausen und Nordhausen

1189 Heinrich der Löwe kam verfrüht und gegen den kaiserlichen Befehl aus der Verbannung zurück

1190 Tod von Kaiser Friedrich Barbarossa

1191 Birkungen, heute Leinefelde-Worbis, wurde erstmals erwähnt

1192 der Königshof Dahlum bei Hildesheim wurde von Heinrich dem Löwen zerstört / bei der Belagerung von Braunschweig durch Kaiser Heinrich VI. brachen in einem extrem kalten Winter viele hungrige Wölfe in das Feldlager ein und rissen viele Pferde und Ochsen, so dass die Winterbelagerung abgebrochen werden musste

1193 Otto und Wilhelm von Braunschweig, Söhne von Heinrich dem Löwen, wurden als Geiseln für Richard Löwenherz an Kaiser Heinrich VI. gegeben

1194 Konrad von Querfurt wurde Bischof von Hildesheim und Reichskanzler unter Heinrich VI.

1195 Tod Heinrichs des Löwen

1196 Heinrich VI. erließ den Erbreichsplan, um die Erbmonarchie einzuführen

1197 Seehausen in der Börde wurde als Stadt bezeichnet

1198 Konrad von Querfurt wurde Reichskanzler unter König Philipp von Schwaben

1199 im Krieg zwischen den Gegenkönigen Otto IV. und Philipp von Schwaben wurde die Stadt Helmstedt zerstört

1200 Ludolf von Kroppenstedt gründete das Stift Sankt Peter und Paul in Magdeburg-Sudenburg /König Philipp zog mit seinem Heer über den Kaiserweg im Harz / Entstehung der Quedlinburger Neustadt / eine gewaltige Sturmflut an der Nordsee soll 100 000 Tote gefordert haben

um 1200 die Mönche aus Clausthal bauten die ersten Talsperren im Oberharz

1201 der Welfe Pfalzgraf Heinrich wurde als Stadtherr von Göttingen angegeben, wohl der erste Schritt zum Fürstentum Göttingen / der Domherr Albert von Bremen gründete mit niedersächsischen Kaufleuten die Stadt Riga

1202 das Chronicon Hildesheimense berichtete über eine kriegerische Fehde zwischen Bischof Hartbert von Hildesheim und den Brüdern Egbert und Gunzelin von

Wolfenbüttel, die die Wolfenbütteler für sich entscheiden konnten
1203 die niedersächsische Adelsfamilie Minnigerode, die zum Eichsfelder Uradel zählt, wurde erstmals genannt
1204 führte Northeim den Titel Civitas (lateinisch für: Stadt)
1205 Eggersdorf im Salzlandkreis wurde erstmals erwähnt
1206 Richenza von Gernrode war mindestens von 1205-1206 Äbtissin von Gernrode und Frose / Kaiser Otto IV. zog mit seinem Heer über den Kaiserweg im Harz
1207 brannte der Magdeburger Dom, die Marienkirche des Stifts „Unser Lieben Frauen" wurde zur Kathedrale erhoben
1208 Niedersachswerfen bei Ilfeld wurde erstmals erwähnt / Suterode bei Katlenburg wurde erstmals erwähnt
1209 Wiendorf im Salzlandkreis wurde erstmals erwähnt/ Wiederaufnahme des Bergbaus am Rammelsberg / die Burg Scharfenstein im Eichsfeld wurde erstmals erwähnt
1210 erste urkundliche Erwähnung von Stolberg, wobei davon ausgegangen wird, dass eine Bergmannssiedlung bereits um 1000 entstanden war
1211 der Staufer Friedrich II. wurde erneut zum König gewählt
1212 Albrecht I. von Sachsen gründete die herzoglich-sächsische Linie der Askanier
1213 die Burg Wernigerode wurde erstmals erwähnt / Erstbeurkundung von Benzingerode
1214 Otto IV. von Braunschweig heiratete Maria von Brabant
1215 die Siedlung Sorsum, heute Stadtteil von Hildesheim, wurde erstmals genannt
1216 der Papst Honorius III. nahm das Kloster Wöltingerode unter seinen persönlichen Schutz, urkundlich wurde Weinanbau am Kloster erwähnt
1217 der mittelhochdeutsche Dichter Albrecht von Halberstadt wurde urkundlich bezeugt / die Burg Heldrungen wurde erstmals erwähnt
1218 Tod von Otto IV. und damit unangefochtener König wurde Friedrich II. von Hohenstaufen / Dorste bei Osterode wurde erstmals erwähnt / eine ungeheure Sturmflut in Ostfriesland soll 100 000 Tote gefordert haben
1219 Kaiser Friedrich II. zog mit seinem Heer über den Kaiserweg im Harz
1220 gilt als Gründungsdatum der Stadt Peine
1221 Ecklingerode im Eichsfeld wurde erstmals urkundlich erwähnt / Ersterwähnung der Wüstung Hilwardingerode bei Harzburg
1222 die Harzburg erhielt die offizielle Bezeichnung Castrum imperiale (Reichsburg)
1223 Elbingerode wurde Lehen der Grafen von Blankenburg-Regenstein
1224 eine Erzhütte war der Ursprung des Ortes Sorge
1225 entstand das zum Halberstädter Domschatz gehörende Tafelreliquiar im Harzvorland / durch päpstlichen Erlass wurden die Besitzungen des Stifts Halberstadt in Hüttenrode bestätigt
1226 Nennung der ersten Kupferhütte, die Grundlage der Siedlung Tanne war
1227 Altenau wurde erstmals urkundlich erwähnt / Braunlage wurde erstmals urkundlich erwähnt / Ersterwähnung der Wüstung Ebelingerode bei Harzburg
1228 ist der Bau der Geistmühle in Wehrstedt bei Halberstadt verbrieft, die zum Burchardikloster gehörte / das Blutwunder (Hostienwunder) ereignete sich in der Dorfkirche Wasserleben und machte sie zu einem berühmten Wallfahrtsort

1229 Wernigerode wurde das Stadtrecht verliehen / Sachsa fand seine erste urkundliche Erwähnung
1230 das monumentale Triumphkreuz der Halberstädter Liebfrauenkirche stammte aus diesem Jahr
1231 ab diesem Jahr war für Thale die Bezeichnung „Dorp do dem Dale“ (das Dorf in dem Tale) bekannt
1232 wurde die Burg Elbingerode in einer Urkunde als Villa erstmals erwähnt
1233 wurde die Stadtmauer von Osterode beurkundet
1234 der Ort Windhausen bei Bad Grund wurde erstmalig urkundlich erwähnt
1235 wurden die Welfischen Besitzungen durch Friedrich II. zum Herzogtum Braunschweig-Lüneburg erhoben und die Goslarer Bergbaurechte gingen auch an die Welfen (Übergang des Zehnten)
1236 Baubeginn am Halberstädter Dom
1237 wurden Ort und Adelsgeschlecht Tettenborn in einer Urkunde des Klosters Walkenried erstmals genannt / eine Mühle in Klein-Quenstedt bei Halberstadt wurde erwähnt
1238 Sachsa fiel an die Grafen von Hohnstein
1239 das Wernigeröder Wappen war in einem Wappen des Grafen Gebhard I. erstmals nachweisbar
1240 Fürst Heinrich I. von Anhalt, Erzbischof Wilbrand von Magdeburg und Bischof Ludolf von Halberstadt belagern die Burg Hadmersleben
1241 das Adelsgeschlecht von Hattorf wurde erstmals erwähnt / Osterode trat der Hanse bei
1242 Bilshausen, Landkreis Göttingen, gelangte in den Besitz des Deutschritterordens
1243 es kam zu einer erbitterten Fehde zwischen Graf Dietrich von Klettenberg und seinen Neffen, den Grafen Albert, Konrad und Friedrich, deren Ausgang nicht überliefert ist
1244 erste urkundliche Erwähnung von Wittmar
1245 vermutlicher Tod von Heinrich von Heimburg, der Mitglied des Deutschritterordens war
1246 Erbauung der Moritzkirche in Halberstadt
1247 mit dem Tod des Gegenkönigs von Friedrich II., Heinrich Raspe, starb das Geschlecht der nordthüringer Landgrafen aus / der Thüringer Erbfolgekrieg begann
1248 die planmäßige Ansiedlung von Bauern und Handwerkern in Sachsa durch die Grafen von Hohnstein wurde in einer Urkunde bestätigt
1249 die Wernigeröder Grafen erweiterten ihren Herrschaftsbereich erheblich durch den Kauf des Hofes Bovingerode/Wohlsberg nahe dem Kloster Königslutter / Zorge wurde erstmals erwähnt

Literaturverzeichnis

Siehe Band 1 sowie:
- Behrens, Georg Henning, Hercynia curiosa, Neuenhahn Nordhausen, 1703
- Blumenhagen, Wilhelm, Der Harz, Verlag Lothar Borowsky München, 1840
- Friedrich, Wolfgang, Mansfelder Land, Sachsenverlag Dresden, 1952
- Gall, Ernst, Dehio Handbuch der Deutschen Kunstdenkmäler in Niedersachsen und Westfalen, Deutscher Kunstverlag Berlin, 1935
- Historische Commission für die Provinz Sachsen und das Herzogtum Anhalt, Beschreibende Darstellung der älteren Bau- und Kunstdenkmäler der Provinz Sachsen; Band 1-27 , 1880-1910
- Hohnstein, Otto, Geschichte des Herzogtums Braunschweig, F. Bartels Nachf. Braunschweig, 1908
- Jahresschriften für Mitteldeutsche Vorgeschichte, alle Bände von 1945 - 1989, Landesmuseum Halle
- Keseberg, Alfred, Sachsenherzog Hermann Billung, Schweiger & Pick Verlag Celle, 1973
- Knesebeck, B.v.d., Die Rittermatrikeln des Königreichs Hannover und des Herzogtums Braunschweig, Deuerliche Buchhandlung Göttingen, 1860
- Lexikon des Mittelalters, Band 1-9, Artemis-&-Winkler-Verlag München und Zürich,
- Ludger Körntgen: Ottonen und Salier. 3. durchgesehene und bibliographisch aktualisierte Auflage, Wissenschaftliche Buchgesellschaft. Darmstadt 2010,
- Reinhard Wenskus: Sächsischer Stammesadel und fränkischer Reichsadel. Göttingen 1976 (Abhandlungen der Akademie der Wissenschaften in Göttingen, phil.-hist. Kl. 3. Folge Nr. 93)
- Schrienert, Friedrich , Ditfurter Chronik, Selbstverlag 1904
- Spangenberg, Cyriacum, Mansfeldische Chrinica, 1572
- Zobel, Franz, Das Heimatbuch des Landkreises Goslar, Verlag Goslarsche Zeitung, 1928

Weitere Bücher aus unserem Verlag

Sagen, Mythen und Legenden aus dem Harz - Band 1-3

Mythen, Sagen und Legenden prägen den Harz wie kaum etwas anderes, wir begegnen ihnen auf Schritt und Tritt. Wir haben sie gesammelt, ihnen ein modernes Kleid geschneidert und sie farbig illustriert um sie zu erhalten und weiter zu überliefern. Denn leider sind Erzählstunden nicht mehr all zu modern.

Band 1: Taschenbuch: ISBN: 978-3-8391-2712-4
Gebundene Ausgabe: ISBN 978-3-8391-2850-3
Band 2: Taschenbuch: ISBN: 978-3-8391-5059-7
Gebundene Ausgabe: ISBN: 978-3-8370-5893-2
Band 3: Taschenbuch: ISBN: 978-3-8423-3958-3
Gebundene Ausgabe: ISBN: 978-3-8423-3486-1

Schultze und Müller im Harz

Wilhelm Scholz (1824-1893) war ein bekannter und begnadeter deutscher Zeichner, Karikaturist und Humorist des 19. Jahrhunderts. Darauf sollte man aber den begnadeten Künstler aber nicht reduzieren, denn er war auch brillanter humoristischer Reiseschriftsteller. Darum haben wir eines seiner Werke, „Schultze und Müller im Harz“, neu aufgelegt.

Taschenbuch: ISBN: 978-3-8391-4902-7

Burgen und Schlösser der Harzregion Band 1 und 2

Das Autorenteam möchte versuchen, Ihnen mit diesem Buch diese von Mystik umwehten Relikte einer längst vergangen Zeit näher zu bringen. In einzigartiger Weise haben wir geschichtliche Fakten mit detaillierten Grundriss- und Rekonstruktionszeichnungen sowie historischen Stichen und Zeichnungen verknüpft.

Band 1:
Gebundene Ausgabe: ISBN: 978-3-8391-8878-1
Taschenbuch: ISBN: 978-3-8423-3947-7
Band 2:
Gebundene Ausgabe: ISBN: 978-3-8423-5024-3
Taschenbuch: ISBN: 978-3-8423-7730-1

Die Mär von Reineke dem Fuchs

Wir haben versucht, das Image der alten, verstaubten Fabel abzustreifen und Reineke dem Fuchs mit einer modernen Version neues Leben einzuhauchen. Wir hoffen, dass wir mit unserem modernisierten Text und den gleichfalls modernisierten Illustrationen ihren Geschmack getroffen haben.

Gebundene Ausgabe:
ISBN: 978-3-8423-0627-1
Taschenbuch:
ISBN: 978-3-8423-3001-6

Die Harz-Geschichte

Der Harz als nördlichstes deutsches Mittelgebirge war zu allen Zeiten eine Kulturscheide. Daraus entwickelt hat sich eine einzigartige Kulturlandschaft, eine Symbiose aus verschiedensten Landschaftsformen und Vegetationsstufen, einhergehend mit den unterschiedlichsten menschlichen Siedlungsstrukturen. Dieses Mittelgebirge, mit seinen Vorlanden, in all den Facetten seiner Entwicklung vorzustellen, ist Anliegen dieses Buches.

Gebundene Ausgabe:
ISBN: 978-3-8423-4263-7
Taschenbuch:
ISBN: 978-3-8482-0263-8

In jenen Jahren Band 1 und 2

Dietrich Wilde – Über die Zeit nach 1945 in Bad Suderode und Gernrode wird in diesem Buch berichtet. Zunächst als Bürgermeister in Gernrode unter amerikanischer, danach unter russischer Besatzung, später als Richter in Magdeburg und Halle – Zeiten der Vergewaltigungen und Verbrüderungen, des Wiederaufbaus, rücksichtsloser Demontage und großherziger Geschenke, Zeiten sowjetischer Härte und russischer Seele! Tragödien und Komödien im besiegten Deutschland.

Band 1 Taschenbuch: ISBN: 978-3-8423-5364-0
Band 2 Taschenbuch: ISBN: 9-783-8423-8119-3

Asturien
Das Naturparadies auf dem Sternenweg

Seit Jahrtausenden folgen Menschen aus ganz Europa dem Lauf der Sterne durch Nordspanien. Die Küstenroute des Jakobusweges in Asturien hat ihren ganz besonderen Reiz. Hier ist der Sternenweg, wie der Pilgerweg auch genannt wird, geprägt durch die Nähe von Meer und Bergen.

Taschenbuch: ISBN: 978-3-8448-0722-6

Marienkäfer habens leichter- Offenbarung meiner Kindheit

Hochbegabt und nicht erkannt-autobiografische Erzählung eines hochbegabten Kindes. Diese Hochbegabung wurde nicht erkannt und bereitete der Autorin eine streckenweise leidvoll durchlebte einsame Kindheit und Jugendzeit. Mit der Maxime „Alles ist Liebe", durchleuchtet sie ihre Kindheit, philosophiert über Menschen und Erlebnisse. Sie beschreibt und analysiert retrospektiv mit dem Abstand einer gereiften Frau schonungslos und in berührender Weise ihre für sie schmerzvoll durchlebten Kindheitserlebnisse so, dass der Leser ihre Kindheits- und Jugendjahre noch einmal selbst mit durchlebt und mitleidet, als ob er in ihrer Haut stecken würde. Die Autorin will dieses Buch keinesfalls als Abrechnung mit ihrer Familie, ehemaligen Mitschülern und Lehrern verstanden wissen sondern es ist ausschließlich die Schilderung und ihre Sicht auf das Geschehene, die Auf- und Verarbeitung des Durchlebten als hochbegabtes Kind und Jugendliche.

Taschenbuch: ISBN: 978-3- 8482-1145-6

Deutschland (k)einErfinderland

Ein Abriss durch die Geschichte deutschen Erfindertums mit autobiographischen Passagen sowie einigen Kommentaren und Einlassungen, die hoffentlich zum Nachsinnen anregen

Taschenbuch:
ISBN: 978-3-8448-0599-4

FSC
www.fsc.org
MIX
Papier aus verantwortungsvollen Quellen
Paper from responsible sources
FSC® C105338